诗词大发现

古诗词创意图解

Shici Dafaxian

1

蒋军晶 著

长江出版传媒　长江文艺出版社

序言 PREFACE

这套书好在哪里?

出现了 202 首诗词

大量覆盖统编小学、初中语文教材,《小学生必背古诗词 75 首》中的诗词。

发现至上

李白有一段时间写诗为什么总是写"愁"?送别诗里为什么经常出现"柳"?诗人最喜欢哪种颜色?诗词里的月亮蕴含着哪些情意?……这套书几乎每一页都通过创意编排引发孩子的思考、探索,因为编著者觉得——相比记忆,更重要的是人的思考力、发现力。

诗词的学习路径

这套书以儿童的视角组织了 16 个诗词主题。有的主题是"人物",如"李白的远游";有的主题是"意象",如"送别一枝柳";有的主题是"内容",如"四时之美";有的主题是"表达规律",如"诗词里的颜色"……学习诗词有哪些路径?这些主题,对孩子是很好的引导、提示。

非连续性文本

你发现了吗?现在语文考试的阅读材料有时也用"非连续性文本"。非连续性文本包括图、表格、清单等,用的文字少,但信息量大,而且直观、清楚。这套书"图、表、文结合",看这套书的孩子不知不觉中增加了阅读"非连续性文本"的机会,提升了非连续性文本阅读能力。

如何使用这套书？

背诵工具

书中前面出现的诗词，往往只有一个题目，或者只有一个句子。你可以看着这个题目或句子回忆、背诵完整的诗词。当你背不出时，你可以通过题目、句子旁边的序号，在附录里迅速找到完整的诗词和解释。所以，你可以把这套书当作背诵工具书。

让理解参与进来

"哇哇哇"死记硬背，不但做不了有根的优雅的中国人，且做不了正常的现代人。

所以，古诗词的学习，在"背诵"的基础上，还要有"理解"的参与。你能背出来的诗词，都可以根据序号，在书的前面找到，大致了解这首诗词创作的背景，了解这首诗词和其他诗词之间的联系。有了理解的参与，你对这首诗词的印象更深刻，你的记忆更长久。

深入研究下去

这套书的每一个主题里，都有一些学习建议和开放的探究题，对古诗词特别感兴趣的孩子，可以根据这些题目、建议，去寻找更专业的诗词类的书籍阅读学习。

目录
CONTENTS

Chapter 01
李白的远游 002-032
- 李白远游图 / 004
- 第一次仗剑远游 / 006
- 李白在长江边留下的诗歌 / 008
- 招至长安——赐金放还 / 022
- 第二次远游：总是离不开一个"愁" / 026
- 第三次远游：巨星陨落 / 028

Chapter 02
杜甫的悲喜 034-052
- 悲愤出诗人 / 036
- 悲伤的时候会怎样？ / 038
- 杜甫的忧伤 / 042
- 杜甫的高兴 / 044
- 酒里的喜与悲 / 048

Chapter 03
南宋的爱国诗人 054-076
- 宋朝年表 / 056

- 疆土的变迁 / 058
- 李清照、林升、岳飞 / 061
- 爱国诗人陆游、辛弃疾 / 064
- 了解典故，读懂词 / 070
- 南宋，最终走向灭亡 / 072

Chapter 04
幸会，苏东坡 078-104

- 苏轼人生图 / 080
- 苏轼年表 / 082
- 杭州·密州·黄州 / 088
- 杭州·西湖 / 090
- 密州·子由 / 092
- 黄州·平生 / 096
- 苏轼的方方面面 / 100
- 比较阅读苏轼"豪放词"和"婉约词"，说说它们的不同之处 / 102

Chapter 05
古代的孩子很会玩 106-120

- 古代的孩子很会玩 / 108
- "老底子"游戏 / 110
- 玩具可以很简单 / 112
- 古代孩子不用读书？ / 114
- 游戏、劳动两不误 / 116

附录 121-146

Chapter
01

Chapter 01

李白的远游

大唐李白
诗仙李白
出生就是一个谜啊
……

说法 1
公元 701 年 2 月 28 日
生于四川省江油市青莲乡

说法 2
出生于西域的碎叶城
（现吉尔吉斯斯坦的托克马克市）
4 岁时跟随父亲迁回四川

■ 远游是需要经济支撑的，李白第一次远游，钱从哪里来？

富二代

家里支持，李白自小饱读诗书，可见他的家境应当不错。

情商高

四处拜谒名人名士，会得到一些赠礼。

才能 与 勤奋

到处题诗，写作，也能得到一些"稿费"。

■ 李白出生于盛唐时期，他的一生绝大部分在漫游中度过，游历遍及大半个中国。

18 个省/市/自治区

当时的 **206** 个州县

旅程 **5万** 多公里

游览过 **60** 多条江河

登过 **80** 多座山

还有 **20** 多个湖潭

— 新疆
— 甘肃
— 四川
— 湖北
— 湖南
— 江西
— 安徽
— 江苏
— 浙江
— 河南
— 山东
— 河北
— 山西
— 陕西
— 贵州
— 北京
— 重庆

李白远游图

李白远游图
大致范围

第一次仗剑远游
第二次远游
安史之乱——病死当涂

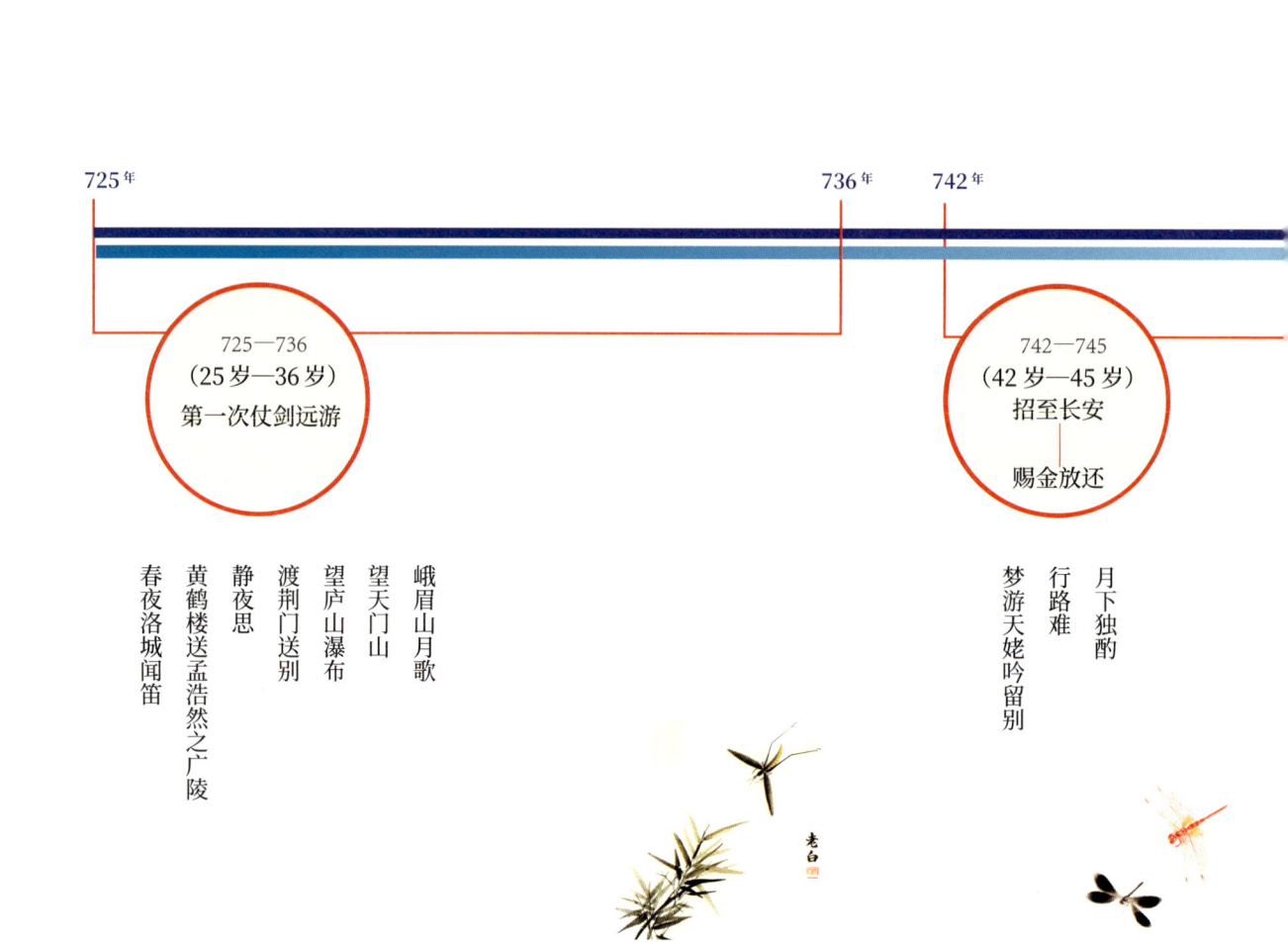

725年　　　　　　　　　　　　　　　　　　736年　　742年

725—736
（25岁—36岁）
第一次仗剑远游

742—745
（42岁—45岁）
招至长安

赐金放还

春夜洛城闻笛
黄鹤楼送孟浩然之广陵
静夜思
渡荆门送别
望庐山瀑布
望天门山
峨眉山月歌

月下独酌
行路难
梦游天姥吟留别

745年　　　　　　　　　　　　755年　　　　　　　　　　　　762年
卒

745—755
（45岁—55岁）
第二次远游

755—762
（55岁—62岁）
安史之乱

病死当涂

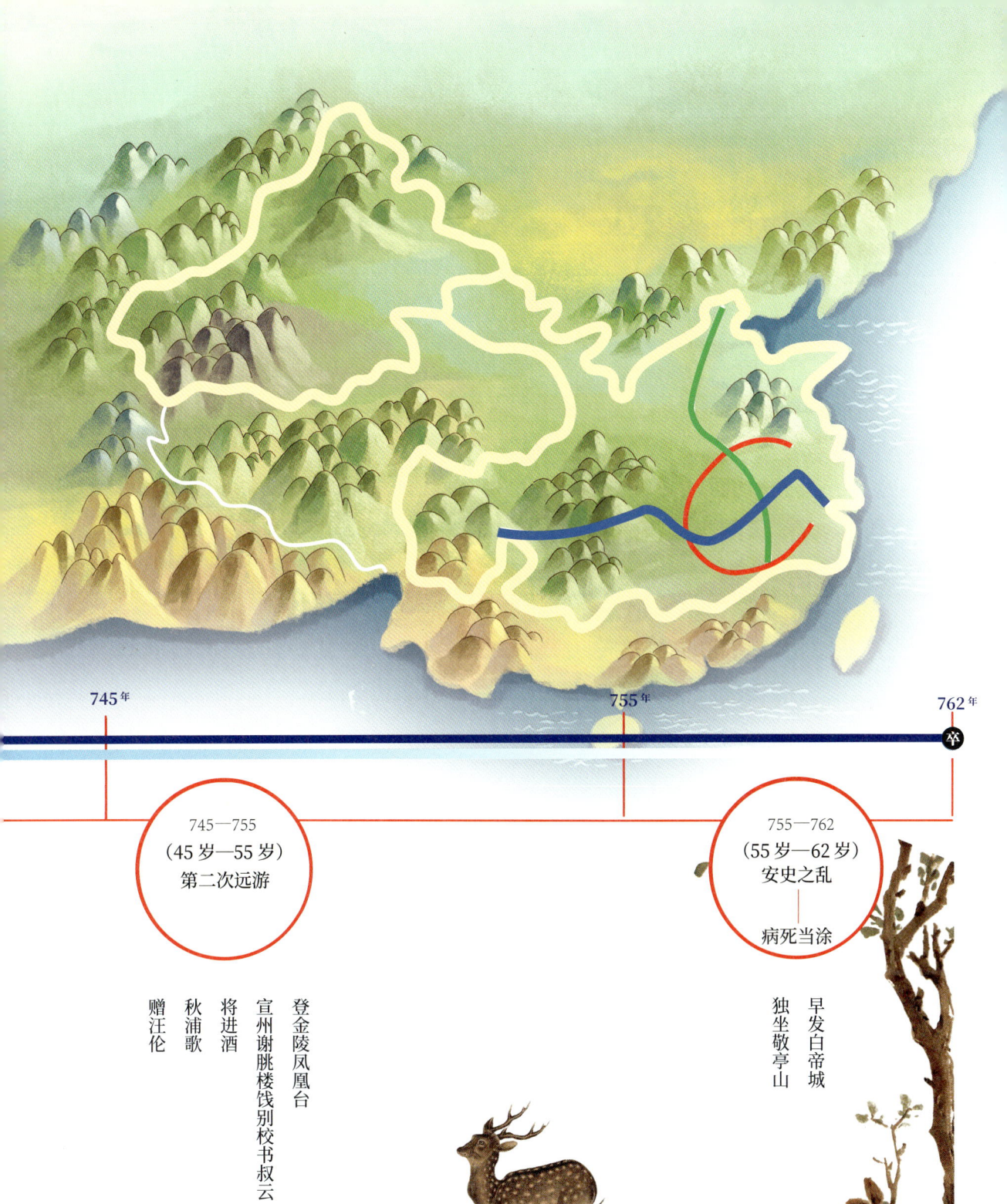

登金陵凤凰台
宣州谢朓楼饯别校书叔云
将进酒
秋浦歌
赠汪伦

早发白帝城
独坐敬亭山

725—736

第一次仗剑远游

公元
725年
AGE
25岁

　　李白开始了祖国东部地区的漫游生活。所谓漫游，是唐代读书人的爱好。和李白同时代的杜甫，在青年时代也有一段"壮游"时期。

　　在家乡好好的，为什么要出游？有人分析主要有三个原因：一是为了游玩，游玩的同时增加阅历，读万卷书不如行万里路嘛；二是通过远游结交名流，希望通过朋友的举荐走向仕途，也就是寻找做官的机会；三是为了寻仙访道，唐朝的时候，唐玄宗崇尚道教，重用道士，文人们也随之喜欢研究道教。

　　李白第一次远游基本上沿着长江前行。出三峡后，最初游历了现在湖南省的长沙、岳阳等地，泛舟于洞庭湖。然后再往东游，足迹遍及金陵（今江苏南京）、扬州、会稽（今浙江绍兴）等地，然后北上，到现在的河南省兜了一圈。此后不久，李白到了湖北安陆，在那里成了家，定居了大概有10年之久。

008 李白在长江边留下的诗歌

Question

看李白第一次远游期间的诗歌，你有什么发现呢？

黄鹤楼送孟浩然之广陵 ⑥

故人西辞黄鹤楼，
烟花三月下扬州。
孤帆远影碧空尽，
唯见长江天际流。

武昌

渡荆门送别 ②

渡远荆门外，
来从楚国游。
山随平野尽，
江入大荒流。
月下飞天镜，
云生结海楼。
仍怜故乡水，
万里送行舟。

荆门山

三峡

峨眉山月歌 ①

峨眉山月半轮秋，
影入平羌江水流。
夜发清溪向三峡，
思君不见下渝州。

三峡

725年　726年

静夜思 ⑤

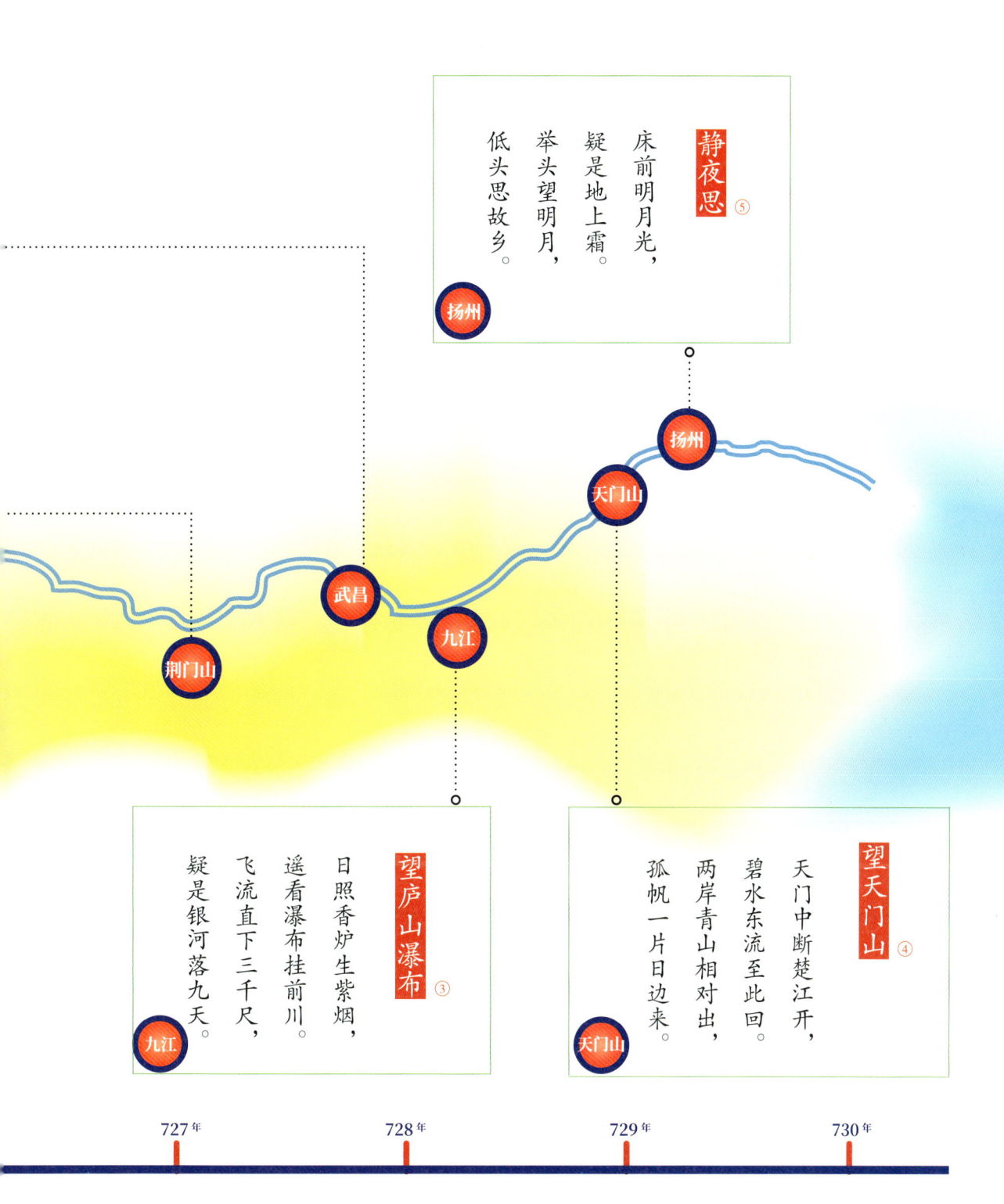

床前明月光，
疑是地上霜。
举头望明月，
低头思故乡。

【扬州】

望庐山瀑布 ③

日照香炉生紫烟，
遥看瀑布挂前川。
飞流直下三千尺，
疑是银河落九天。

【九江】

望天门山 ④

天门中断楚江开，
碧水东流至此回。
两岸青山相对出，
孤帆一片日边来。

【天门山】

荆门山　武昌　九江　天门山　扬州

727年　728年　729年　730年

峨眉山月歌

峨眉山月半轮秋，
影入平羌江水流。
夜发清溪向三峡，
思君不见下渝州。

这首诗约写于725年，25岁的李白出远门不久。李白从峨眉山出发，经乐山，到清溪驿，李白准备在这里休整一下，然后再通过三峡，去渝州。现在如果走高速，从峨眉山到清溪，3个小时也够了。可唐朝没有汽车，当时的人出远门，一般走水路。李白坐船从峨眉山出发，到清溪，走走停停，或许已经走了十天半月。李白有点想家了。

船到清溪河畔已经夜色朦胧。李白被沿途浓烈的酒香所吸引，为缓解旅途的疲惫，下船痛饮美酒。酒酣之余，李白诗兴大发，挥毫泼墨，写下了这首千古绝唱。

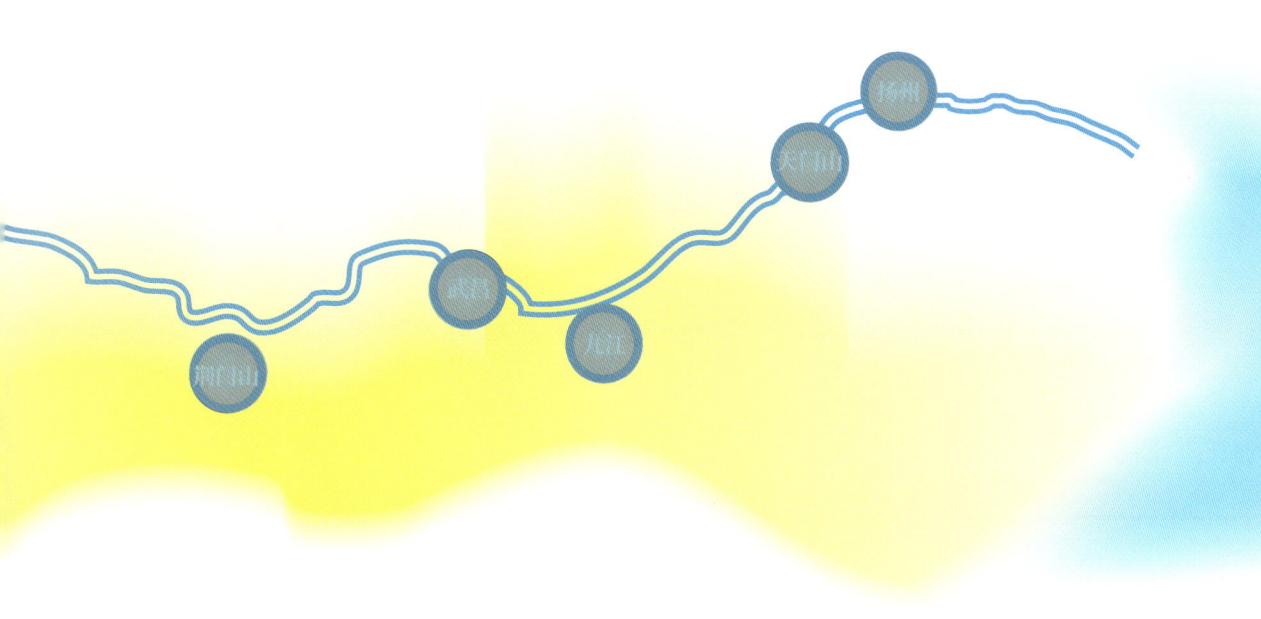

李白的这首《峨眉山月歌》很特别，28个字，12个字是地名，这是翻遍唐诗，找不出第二首的，这就叫艺高人胆大。诗中写道："月影映在江水之中，像好朋友一样，陪伴着我。但在从清溪到渝洲的途中，月亮总被两岸的高山挡住，使我思念不已。"从这里可以看出，李白虽然喜欢远游，但也不是我们想象中那样，"四海为家"，无牵无挂，他对家乡还是非常依恋的。

渡荆门送别

渡远荆门外,
来从楚国游。
山随平野尽,
江入大荒流。
月下飞天镜,
云生结海楼。
仍怜故乡水,
万里送行舟。

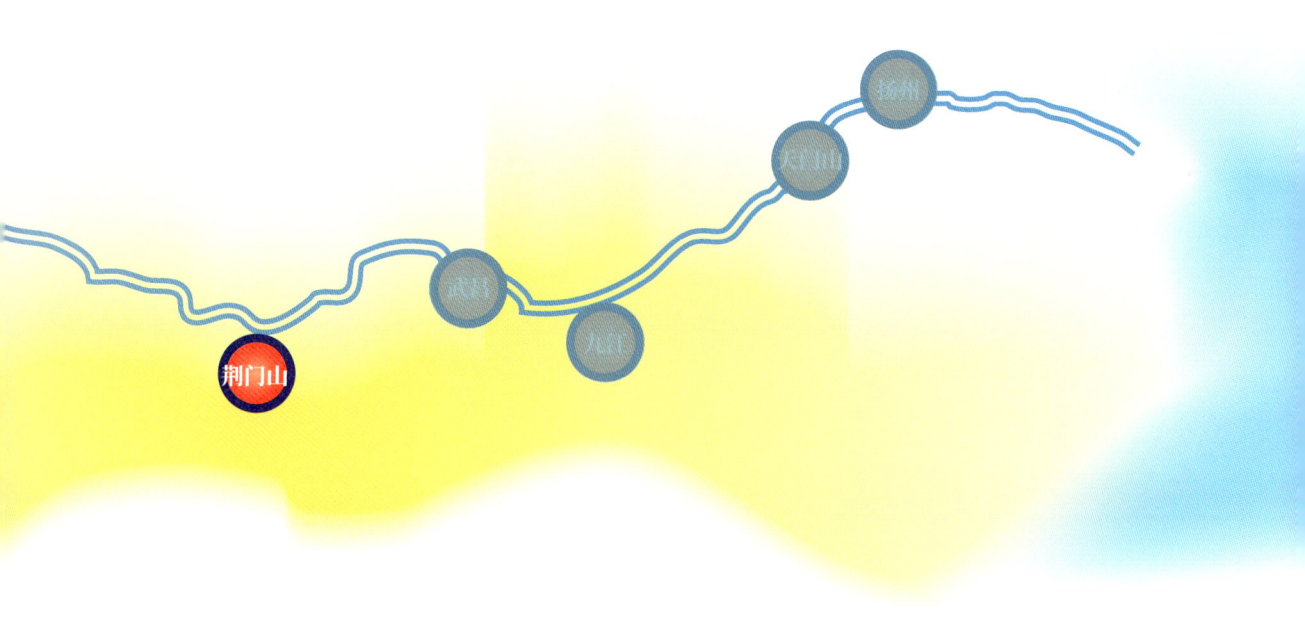

李白这次出蜀，由水路乘船远行，经巴渝，出三峡，直向荆门山之外驶去，目的是到湖北、湖南一带楚国故地游览。李白25岁前没离开过四川，四川是典型的山区，所以后来李白还写过"蜀道难，难于上青天"这样的句子，就是说四川山多，山高路陡，难走。李白这次乘船一路向东，过了荆门山以后，景象就完全不一样了，他生平第一次看到平原，感到非常新鲜：山逐渐消失了，平原出现了，江水在一望无际的原野中奔流。月亮在水中的倒影好像天上飞下来的一面玉镜，云彩升起，变幻无穷，结成了海市蜃楼。但是李白最后写道：我还是爱惜故乡的水，流过万里送我行舟远行。

望庐山瀑布

日照香炉生紫烟，
遥看瀑布挂前川。
飞流直下三千尺，
疑是银河落九天。

725年，李白还去了洞庭湖游览。可是泛舟洞庭时，发生了一件不幸的事情，李白自蜀同来的旅伴吴指南暴病身亡（或被人殴打致死）。李白悲痛万分，他伏在朋友的身上，号啕大哭，"泣尽继之以血"。由于他哭得过于伤痛，路人听到都为之伤心落泪。旅途上遇到这样的不幸，真是无可奈何，李白只好把吴指南暂时埋葬于洞庭湖边，自己继续东游，决心在东南之游以后再来搬运朋友的尸骨。李白来到了庐山，在此作下这首脍炙人口的《望庐山瀑布》：太阳照着云雾缭绕的香炉峰，

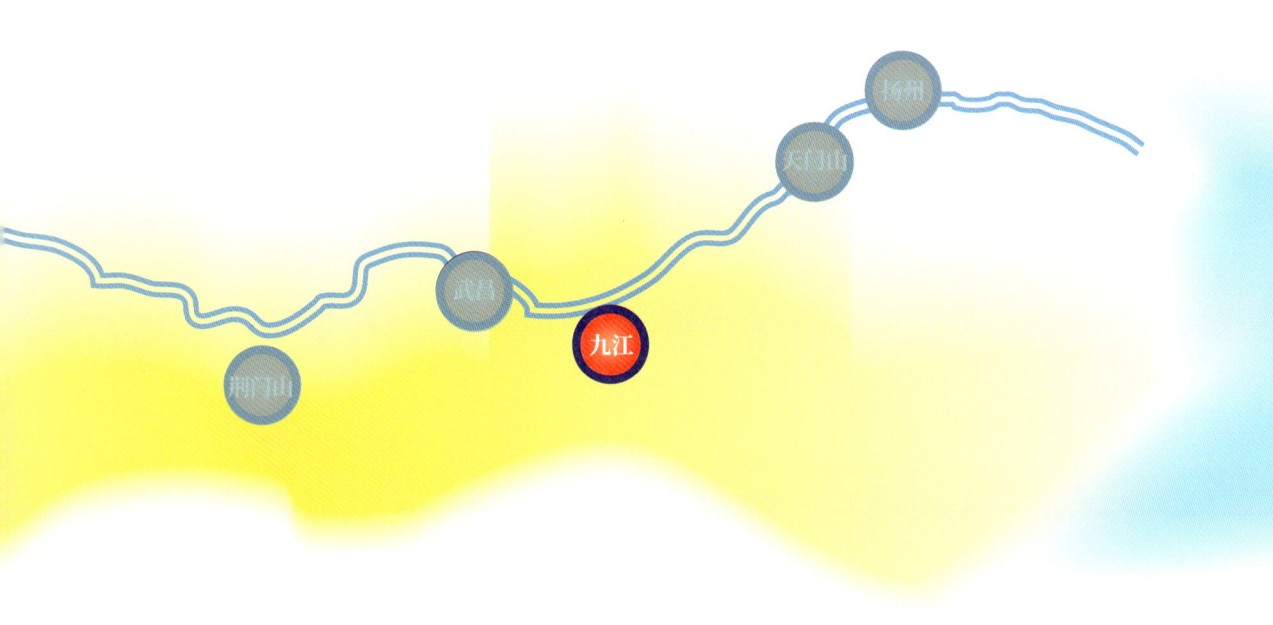

呈现出紫色的景象。抬头远望，庐山瀑布就像是一条白练垂挂在山川之间，奔腾跳跃、腾空直下的瀑布有千尺长，让人怀疑是银河从九天之上倾泻下来。大好河山有时确实能让人暂时忘掉忧愁。

望天门山

天门中断楚江开,
碧水东流至此回。
两岸青山相对出,
孤帆一片日边来。

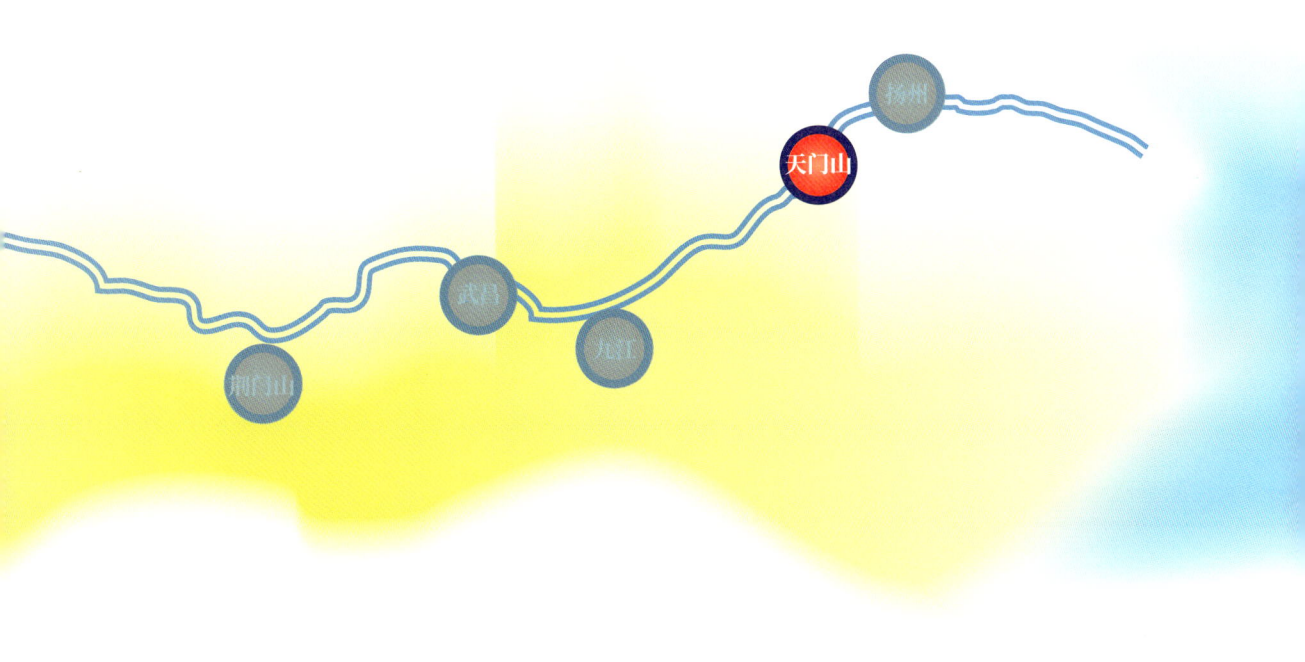

725年，李白的船来到了安徽境内。天门山在安徽境内，隔江对望，像两扇门一样。李白站在船上，从船上看天门山，仿佛天门山是被长江的巨浪冲开的一样。这首诗写得极富动感，诗中用了六个动词"断、开、流、回、出、来"。联系前面的《峨眉山月歌》，我们可以发现李白终于走出了四川，他内心有一种投向更广阔世界的喜悦（古人大部分只待在一个地方，终老一生。像李白这样仗剑远游的，少之又少）。

静夜思

床前明月光,
疑是地上霜。
举头望明月,
低头思故乡。

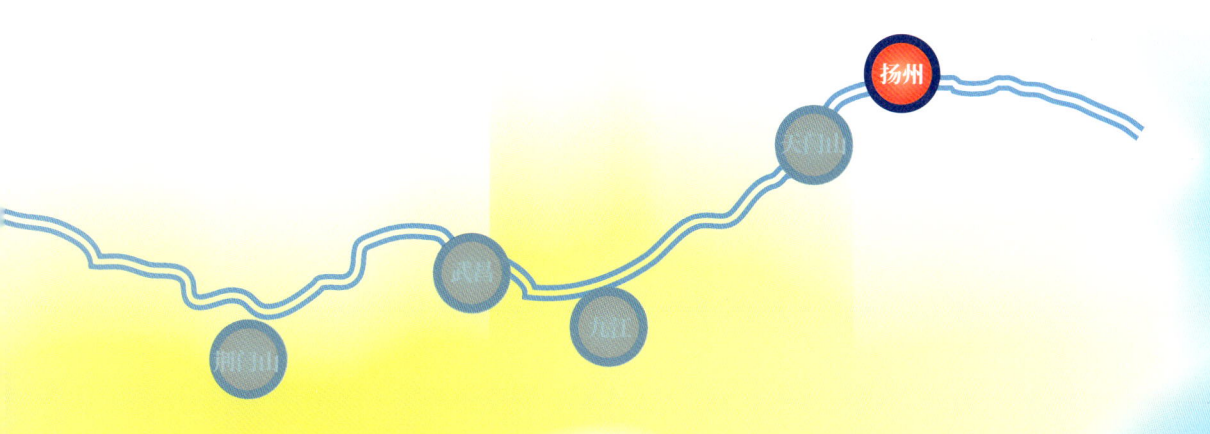

李白一路往东，725年的时候，他已经到了六朝古都金陵，就是现在的"南京"。李白虽然不是什么"政要"，没有一官半职，但是诗名在外，"粉丝"特别多。金陵的儿女饱含深情地接待李白。当李白告别金陵时，朋友们殷勤相送，难舍难分。李白离开金陵后，走水路前往扬州。扬州在当时算得上是一个"国际大都市"，是唐朝最重要的港口城市。李白与一些年轻的朋友在扬州"系马垂杨下，衔杯大道间。天边看绿水，海上见青山"，日子过得非常惬意。可是，接近秋天，李白生病了。卧病他乡，又想到自己建功立业的希望渺茫，李白不免开始思念家乡了。

　　《静夜思》就是李白在扬州的一个旅社里写的。对于这首诗，争议最多的就是这个"床"了，有的认为这个"床"就是睡觉的床，有的认为这个"床"是指"窗"，有的认为是当时的一种可以折叠的椅子，叫"交床"，有的认为是"井台"。不管是什么，当时夜深人静，李白睡不着觉是真的。他为什么睡不着觉？想家啊。

黄鹤楼送孟浩然之广陵

故人西辞黄鹤楼,
烟花三月下扬州。
孤帆远影碧空尽,
唯见长江天际流。

726年,李白开始往西走了,也就是往回走了。虽然是往回走,但也没有回家,因为他觉得出来快两年了,功也没成,名也没就,不好意思回去。所以他往回走到湖北,就停留下来,寻亲访友,拜访名士,其中包括孟浩然,那个写"春眠不觉晓,处处闻啼鸟"⑦的孟浩然。

727年,经朋友的介绍,李白娶了故宰相许圉师的孙女为妻,其实也谈不上娶,就是当了个上门女婿。李白之所以愿意做"上门女婿",一是因为两年多漂流在外,他也想尽快找一个安身立脚之处,二是因为他所要娶的女子毕竟也出自名门望族,新娘的爷爷是前朝宰相,说不定能助他一臂之力。在婚后长达十年的时间里,李白都生活在他老丈人家里,并且生了一儿一女。

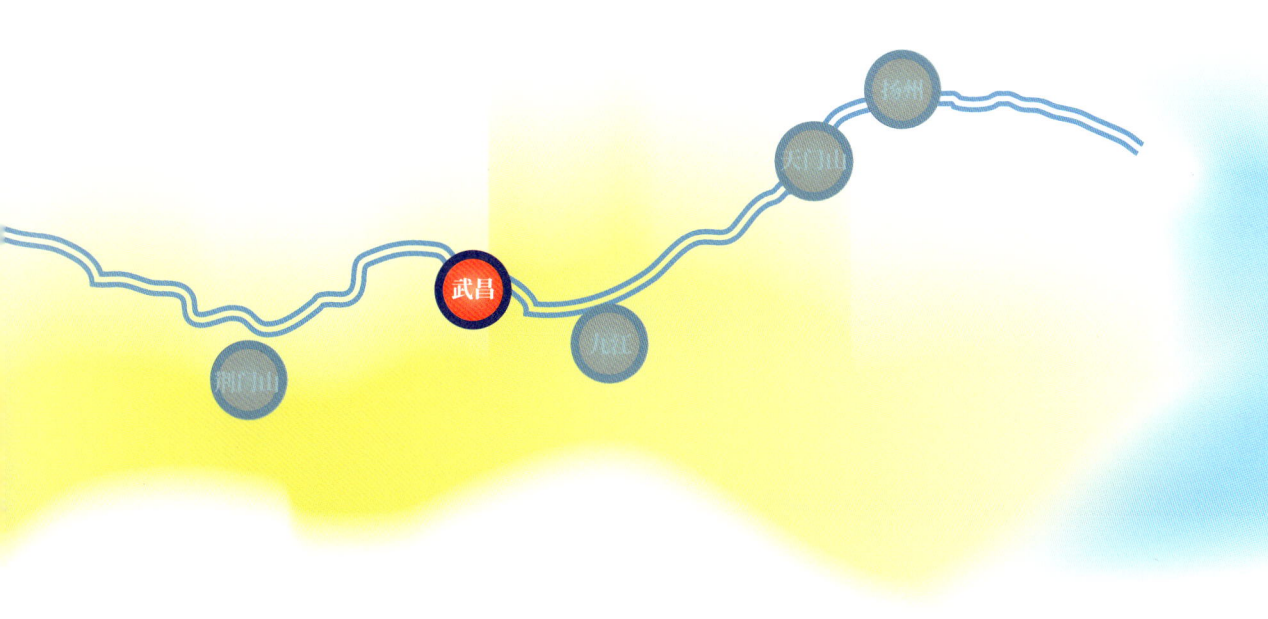

730年，也就是李白婚后3年。阳春三月，李白得知孟浩然要去扬州了，便托人带信，约孟浩然在江夏（今武昌）相会。这天，他们在江夏的黄鹤楼愉快重逢，各诉思念之情。几天后，孟浩然乘船东下，李白亲自送到江边。船开走了，李白伫立在岸边，望着船帆渐渐远去，惆怅之情油然而生，就写下了这首脍炙人口的《黄鹤楼送孟浩然之广陵》。

742—745

招至长安

赐金放还

从735年开始,李白在一步步地接近唐朝的政治中心长安。但是,这个过程很艰难。

李白通过朋友的介绍,认识了唐玄宗的妹妹玉真公主,李白也写了一些诗赞美在道观修行的玉真公主。

李白有次有幸遇见贺知章。他早就拜读过贺老的诗,这次相遇,自然立刻上前拜见,并呈上袖中的诗本。贺知章非常欣赏《蜀道难》和《乌栖曲》,兴奋地解下衣带上的金龟叫人出去换酒与李白共饮。李白瑰丽的诗歌和潇洒出尘的风采令贺知章惊异万分,竟说:"你是不是太白金星下凡到了人间?"

天宝元年(742年),由于玉真公主和贺知章的交口称赞,唐玄宗看了李白的诗赋,对其十分欣赏,便召李白进宫。李白应诏入京,受到唐玄宗的厚待,可谓春风得意、踌躇满志。

Question

短短一年半时间,李白心情为什么变化这么大?

清平调(其一) ⑧

云想衣裳花想容,春风拂槛露华浓。
若非群玉山头见,会向瑶台月下逢。

喜悦

月下独酌(其一) ⑨

花间一壶酒,独酌无相亲。
举杯邀明月,对影成三人。

烦忧

行路难(其一) ⑩

行路难!行路难!多歧路,今安在?
长风破浪会有时,直挂云帆济沧海。

愤慨

喜悦

开始,李白觉得自己是深受唐玄宗器重的重要人物。一天宫中牡丹盛开,唐玄宗带了杨贵妃,在沉香亭饮酒赏花,叫李白写几首歌词助兴。李白趁着酒意,写了《清平调》三首颂扬杨贵妃和牡丹花,诗句优美清新,唐玄宗和杨贵妃高兴极了。

烦忧

很快,李白就发现唐玄宗并没有给他实现政治抱负的机会。唐玄宗只是在利用他的才华,为自己歌舞升平的生活加以点缀,李白感到无比的惆怅与苦闷。对现实的不满,让李白很沮丧,开始放浪形骸,借酒浇愁,狂饮于市。李白的这种心情就反映在《月下独酌》等诗上。

愤慨

天宝元年秋天,李白到了长安,天宝三年初春,李白离开。掐头再去尾,他在长安待了一年。在这一年中,李白没有担任过任何实际的官职。李白为什么会这么快离开长安?无非是有人看他不顺眼,在唐玄宗面前说他坏话。也有人认为是李白看不惯唐玄宗宠幸杨贵妃,奸臣当道,主动要求离开。离开时,李白深感仕路的艰难,满怀愤慨写下了这篇《行路难》。

026　第二次远游：总是离不开一个"愁"

745年　　　　　　　　　　　　755年

753
宣州（今安徽宣城）

宣州谢朓楼饯别校书叔云⑭

抽刀断水水更流，
举杯销愁愁更愁。
人生在世不称意，
明朝散发弄扁舟。

752
嵩山（今郑州附近）

将进酒⑫

五花马，
千金裘，
呼儿将出换美酒，
与尔同销万古愁。

753
秋浦（今安徽池州）

秋浦歌（其十五）⑬

白发三千丈，
缘愁似个长。
不知明镜里，
何处得秋霜。

747
金陵（今江苏南京）

登金陵凤凰台⑪

三山半落青天外，
二水中分白鹭洲。
总为浮云能蔽日，
长安不见使人愁。

747年，李白离开东鲁(今山东)，沿京杭大运河乘船到扬州、会稽一带游玩，即兴描写了这一带的秀丽山川。两年后，李白又到金陵(今南京)。他和朋友在金陵尽情畅游，他们泛舟秦淮河，经常通宵达旦地唱歌，引得两岸人家不胜惊异，拍手为他们助兴。在金陵，李白创作了脍炙人口的**《登金陵凤凰台》**。

江南名城金陵风景秀丽，"三山半落青天外，二水中分白鹭洲"写的就是金陵的自然景观——远处，山峦起伏；近处，白鹭洲将长江一分为二。金陵又是六朝古都，在唐朝以前，朝廷在这里建都，"吴宫花草埋幽径，晋代衣冠成古丘"写的就是金陵的人文景观，这里有吴王的宫殿，有晋代的古墓。在这首诗里，李白写到了凤凰，在封建时代，凤凰是吉祥如意的象征。李白写道："凤凰台上曾经有凤凰来这里游憩，现在凤凰已经飞走了，只留下这座空台，伴着江水。"实际上，李白是在暗示大唐王朝正在走向衰落。李白还提到了"浮云"和"太阳"，也是象征写法，"总为浮云能蔽日，长安不见使人愁。"长安是朝廷的所在，日是帝王的象征，浮云是奸邪的象征。李白用这两句诗暗示皇帝被奸邪包围，而自己报国无门，他的心情是十分沉痛的。

李白从长安出来后，一直在山东、河南、江浙一带漫游，漂泊不定。这时国家混乱，情况一年比一年差。在以天下兴亡为己任的心情引导下，他决计去幽燕(今北京一带)，以探虚实。到了幽燕之后，李白亲眼看到安禄山秣马厉兵，形势很危急，自己却无能为力。国家情况越来越糟糕，钱也花完了，手头越来越紧张，有时得写一些诗送给地方官员换一些盘缠，李白的心情是越来越差，酒喝得越来越多。

752年，李白在河南。一天，他和两个朋友(岑夫子、丹丘生)约好去爬嵩山，三人登高畅饮，以酒会友。三人喝酒喝得差不多了，有人提议李白说一点祝酒词。李白想到时光迅速流逝，离开长安已经有八年之久了，八年来，自己东游西荡，功业无成，于是借**《将进酒》**之调，吟出了这千古绝唱。这首诗的大体意思就是人生得意之时就应当纵情欢乐。今天让我们喝个痛快吧！让我们一起来消除这无穷无尽的万古长愁！

753年秋天，李白来到宣州(今安徽宣城)，写了**《宣州谢朓楼饯别校书叔云》**。宣州有他一个朋友——李云。李白称李云为叔，实际上两人并不是族亲关系。这个李云在朝廷担任"校书郎"，是当时著名的古文家。

这首诗的意思是：弃我而去的昨天已不可挽留，扰乱我心绪的今天使我极为烦忧。万里长风吹送南归的鸿雁，面对此景，正可以登上高楼开怀畅饮。你的文章就像汉代文学作品一般刚健清新。而我的诗风，也像谢朓那样清新秀丽。我们都满怀豪情逸兴，飞跃的神思像要腾上高高的青天，去摘取那皎洁的明月。好像抽出宝刀去砍流水一样，水不但没有被斩断，反而流得更湍急了。我举起酒杯痛饮，本想借酒消去烦忧，结果反倒愁上加愁。啊！人生在世竟然如此不称心如意，还不如明天就披散了头发，乘一只小舟在江湖之上自在地漂流(退隐江湖)罢了。送别诗么，一般是表达依依惜别之情，或者表达对朋友的祝福。但是李白在这首诗里抒发了自己怀才不遇的牢骚、愤懑，抒发了年华虚度、壮志难酬的苦闷。

028　第三次远游：巨星陨落

627年　　　　　　　649年　　　　　　　683年

盛

唐太宗执政的贞观年间，在君臣的共同努力之下，出现了一个政治较为清明、经济发展、社会安定、武功兴盛的治世局面，史称"贞观之治"。

唐高宗继承唐太宗时很多好的做法，所以在他执政的永徽年间，边陲安定，百姓安康，史称"永徽之治"。其在位期间，唐朝的领土最广。

早发白帝城⑮
朝辞白帝彩云间，
千里江陵一日还。
两岸猿声啼不住，
轻舟已过万重山。

Question
战乱期间，李白为什么还如此高兴？

■ 755 年至 763 年发生的一场叛乱，是唐朝由盛而衰的转折点。

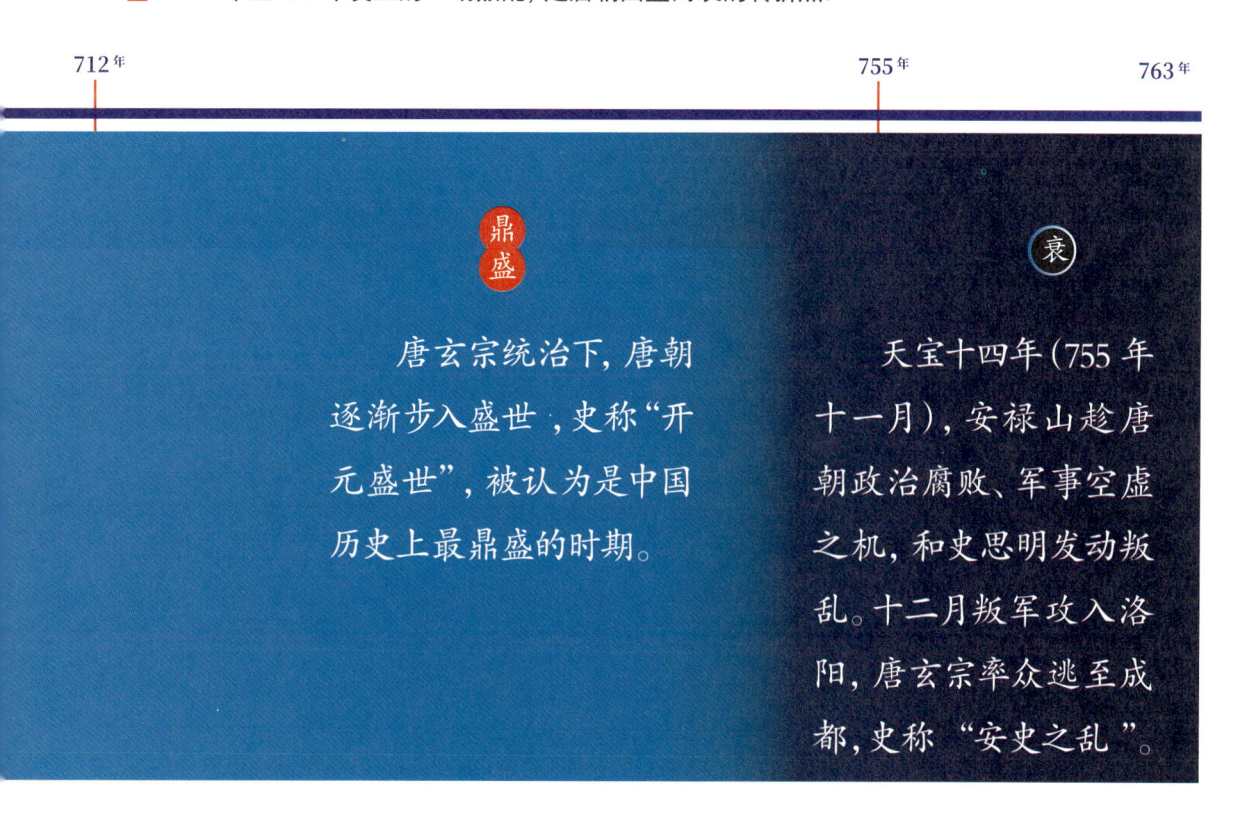

712年　　　　　　　　　　　　　　　　755年　　　　　　　763年

鼎盛

唐玄宗统治下，唐朝逐渐步入盛世，史称"开元盛世"，被认为是中国历史上最鼎盛的时期。

衰

天宝十四年（755年十一月），安禄山趁唐朝政治腐败、军事空虚之机，和史思明发动叛乱。十二月叛军攻入洛阳，唐玄宗率众逃至成都，史称"安史之乱"。

独坐敬亭山 ⑯
众鸟高飞尽，
孤云独去闲。
相看两不厌，
只有敬亭山。

Question

李白从青年到老年，先后 7 次到宣州。这首诗写于何年，在李白留存的诗稿中并没有注明，为什么大多数人认为这首诗写于安史之乱期间？

早发白帝城

朝辞白帝彩云间，千里江陵一日还。
两岸猿声啼不住，轻舟已过万重山。

755年，安禄山造反。756年，唐玄宗逃难到四川。永王李璘是唐玄宗的第十六个儿子，他也想做皇帝。他擅自带兵东下，并且请孔巢父、李白帮他的忙。李白这个人在政治上是不敏感的，他答应了帮永王的忙。结果永王起兵一年就失败了，帮忙的人都受到牵连，唯有李白，幸免于死。有人认为是因为郭子仪帮忙说情，李白才免于一死。李白以前救过郭子仪，郭子仪当时是平定安史之乱的名将，说话有分量，李白才得以改为流放夜郎（即"夜郎自大"那个"夜郎"，在今贵州省西部）。

757年冬，李白由浔阳道开始前往流放之所——夜郎。此刑乃是"长流"，就是终生不得返回的，李白自己也是打算"有去无回"。也是李白命不该绝，759年，李白走到巫山，朝廷因关中遭遇大旱，宣布大赦。这样，李白经过15个月的辗转流离，终于获得了自由。李白心里高兴啊，随即顺着长江疾驶而下，而这首著名的《早发白帝城》最能反映他当时的心情。

761年，已经61岁的李白听说大将李光弼要出兵临淮，自己也想立功报国，所以这么大年纪还报名从军。不过走到一半，身体就不行了，李白半途而返，回到金陵。他的生活相当窘迫，不得已只好投奔了在当涂做县令的族叔李阳冰。大家推测《独坐敬亭山》就是李白在那一年写的，因为诗里流露出刻骨铭心的寂寞。寂寞到什么程度？"鸟儿们飞得没有了踪迹，天上飘浮的孤云也不愿意留下，慢慢向远处飘去。只有我看着高高的敬亭山，敬亭山也默默无语地注视着我，我们都看不够。谁能理解我此时寂寞的心情？只有这高大的敬亭山了。"寂寞到只有山才能体会他的心境。

独坐敬亭山

众鸟高飞尽，孤云独去闲。

相看两不厌，只有敬亭山。

762年，李白病重，在病榻上把手稿交给了李阳冰，赋《临终歌》而与世长辞，终年62岁。至此，李白在贫病交加、遗恨满腹中合上了眼睛，带去了他一生为之奔波的未酬壮志，中国文学史上一颗璀璨的巨星陨落在当涂。

后人出于对诗人的敬慕，不甘心李白病死之说，后来就出现了许多有关李白死法的传说：其一是醉死，说李白"因饮酒过度，醉死于宣城"；其二，最富浪漫色彩的民间传说是李白在江边饮酒，因酒醉跳入水中捉月而溺死，又乘着从水中跃起的巨鲸升天而去。这是说李白没有死，而是骑着接他的巨鲸返回天庭了。

Chapter
02

Chapter 02

杜甫的悲喜

悲　乐
思　　　怒
　情
忧　　　惧
喜

- 好的诗歌总是蕴含着情感的。
- 有人把唐诗里的"情"分为七类，即悲、惧、乐、怒、思、喜、忧。

悲	惧	乐	怒	思	喜	忧
愁	谗	悦	怒	思	喜	恤
恸	谤	欣	吼	忆	喜	忧
痛	患	乐	雷	怀	健	痾
寡	罪	怡	霆	恨	倩	虑
哀	诈	洽	霹	吟	贺	艰
伤	惧	畅	雳	逢	好	惶
嗟	诬	愉	猛	期	良	厄
…	…	…	轰	…	善	…
			…		…	

036 悲愤出诗人

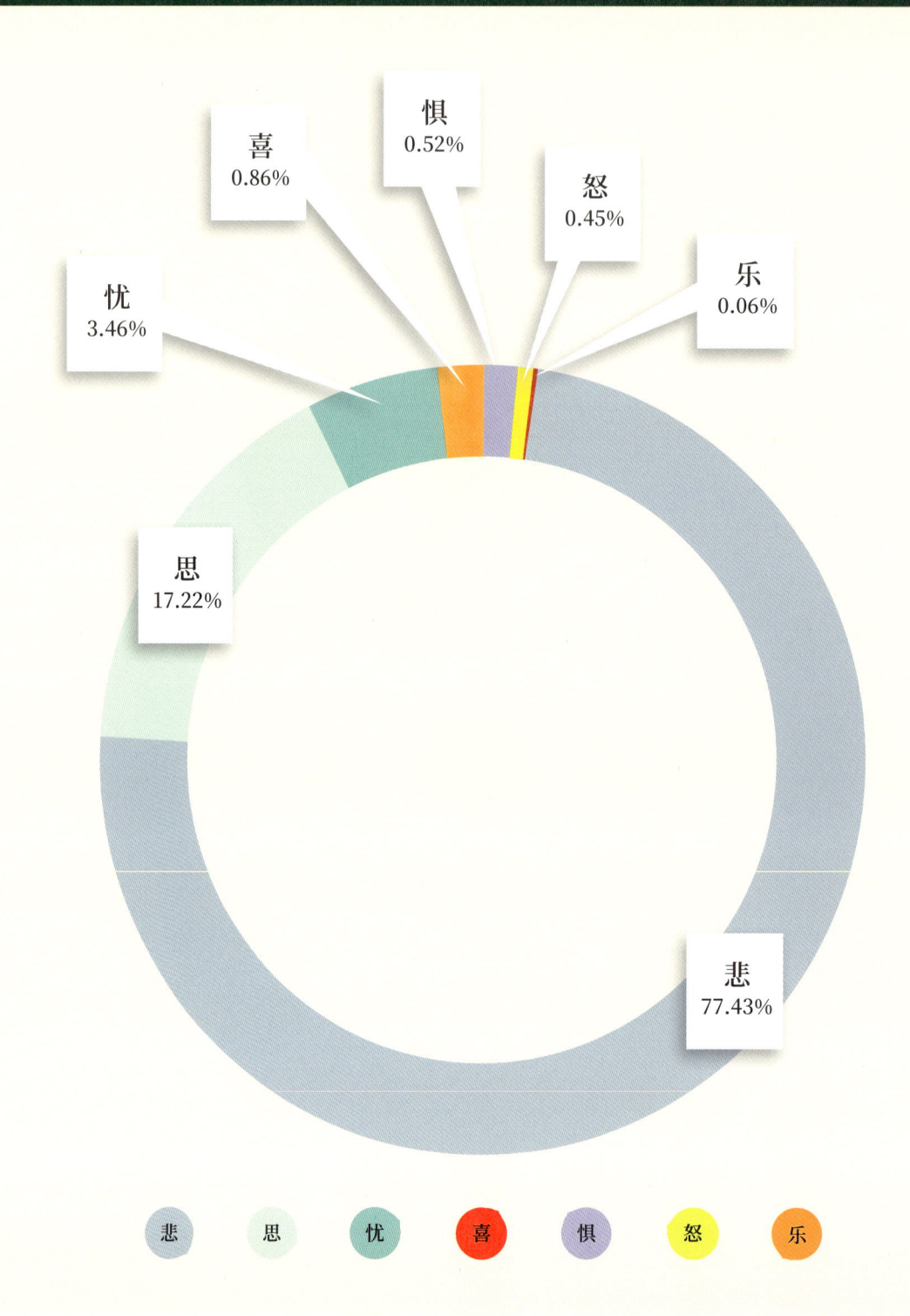

忧 3.46%

喜 0.86%

惧 0.52%

怒 0.45%

乐 0.06%

思 17.22%

悲 77.43%

悲　思　忧　喜　惧　怒　乐

有人对《全唐诗》近 5 万首诗进行分析，结果发现带有"悲"字基调的唐诗较多。

这可能出乎很多人的意料，很多人认为代表大唐气象的唐诗应该以积极昂扬的情绪为主，怎么会是"悲""思""忧"这样的情绪占据主流呢？

"悲愤出诗人。"回顾古今中外的著名的诗人，几乎都曾有一段被排挤、诽谤，不得志和身处逆境的经历，有些甚至还很悲惨。在这种悲难、恶劣环境中，诗人有了写诗的冲动。

038　悲伤的时候会怎样?

一个人
极度痛苦和悲伤时,
会是什么表现
?

- 哭泣
- 看什么都难过
- 经常走神
- 借酒消愁
- 猛吸烟
- 变得苍老、憔悴
- 摔东西
- 一个人待一会儿
- 不说话
- 过分沉闷……

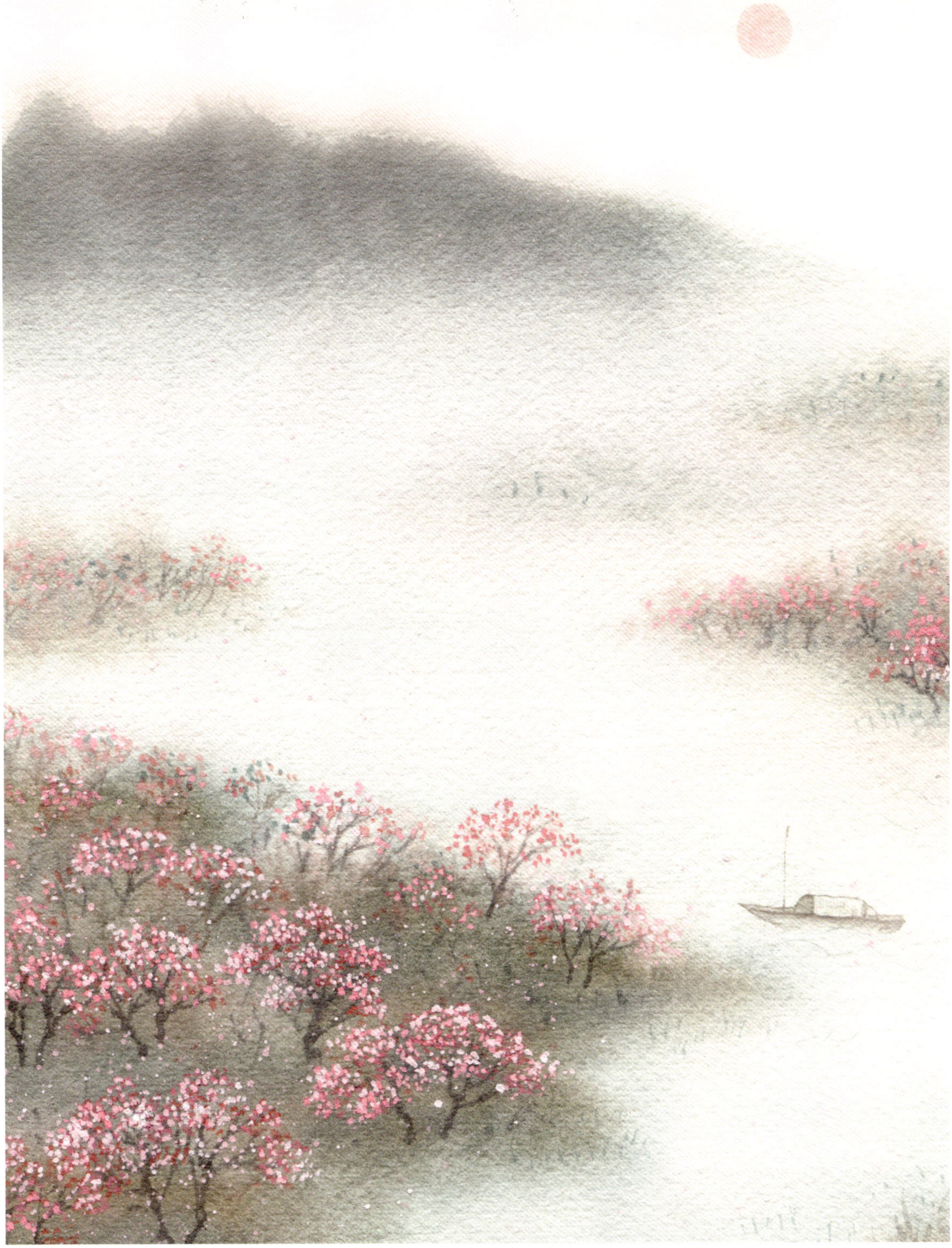

040　从哪里看出杜甫的忧伤？

很多人以为鼎鼎大名的"诗圣"杜甫凭借他的才华应该会过上衣食无忧的生活,事实上,他的一生是在悲伤、困苦中度过的。

春望⑰

国破山河在,城春草木深。

感时花溅泪●,恨别鸟惊心●。

烽火连三月,家书抵万金。

白头搔更短,浑欲不胜簪●。

登岳阳楼⑱

昔闻洞庭水,今上岳阳楼。

吴楚东南坼,乾坤日夜浮。

亲朋无一字,老病有孤舟。

戎马关山北,凭轩涕泗流●。

登高⑲

风急天高猿啸哀,渚清沙白鸟飞回●。

无边落木萧萧下,不尽长江滚滚来。

万里悲秋常作客,百年多病独登台●。

艰难苦恨繁霜鬓●,潦倒新停浊酒杯●。

● 伤心了,会哭,会流眼泪

● 伤心的时候会把自己的痛苦转移到自己看到的景物上

● 伤心的人看起来特别苍老憔悴

● 伤心的人喜欢独处,一个人静静地待一会

● 伤心时借酒消愁

杜甫为什么这么忧伤？

春望

国破●山河在，城春草木深●。

感时花溅泪，恨别鸟惊心。

烽火连三月●，家书抵万金●。

白头搔更短，浑欲不胜簪。

登岳阳楼

昔闻洞庭水，今上岳阳楼。

吴楚东南坼，乾坤日夜浮●。

亲朋无一字，老病有孤舟●。

戎马关山北●，凭轩涕泗流。

登高

风急天高猿啸哀，渚清沙白鸟飞回。

无边落木萧萧下，不尽长江滚滚来。

万里悲秋常作客●，百年多病独登台。

艰难苦恨繁霜鬓●，潦倒新停浊酒杯。

● 国家衰亡
● 战火不断
● 居无定所
● 妻离子散，家人没有消息
● 贫病交加

唐朝是多么辉煌的时代，为什么诗人杜甫却这么不开心呢？杜甫生活的唐朝已渐渐走向衰败，又是战争，又是饥荒。杜甫看着老百姓失去亲人，失去住的地方，还得一路逃难，他心中非常难过，却什么也做不了，只能通过自己的笔，记下这个乱糟糟的时代。杜甫像是来自唐朝的记者，为我们报道了太平时代之后的动乱，让我们看见了小老百姓的真实生活。

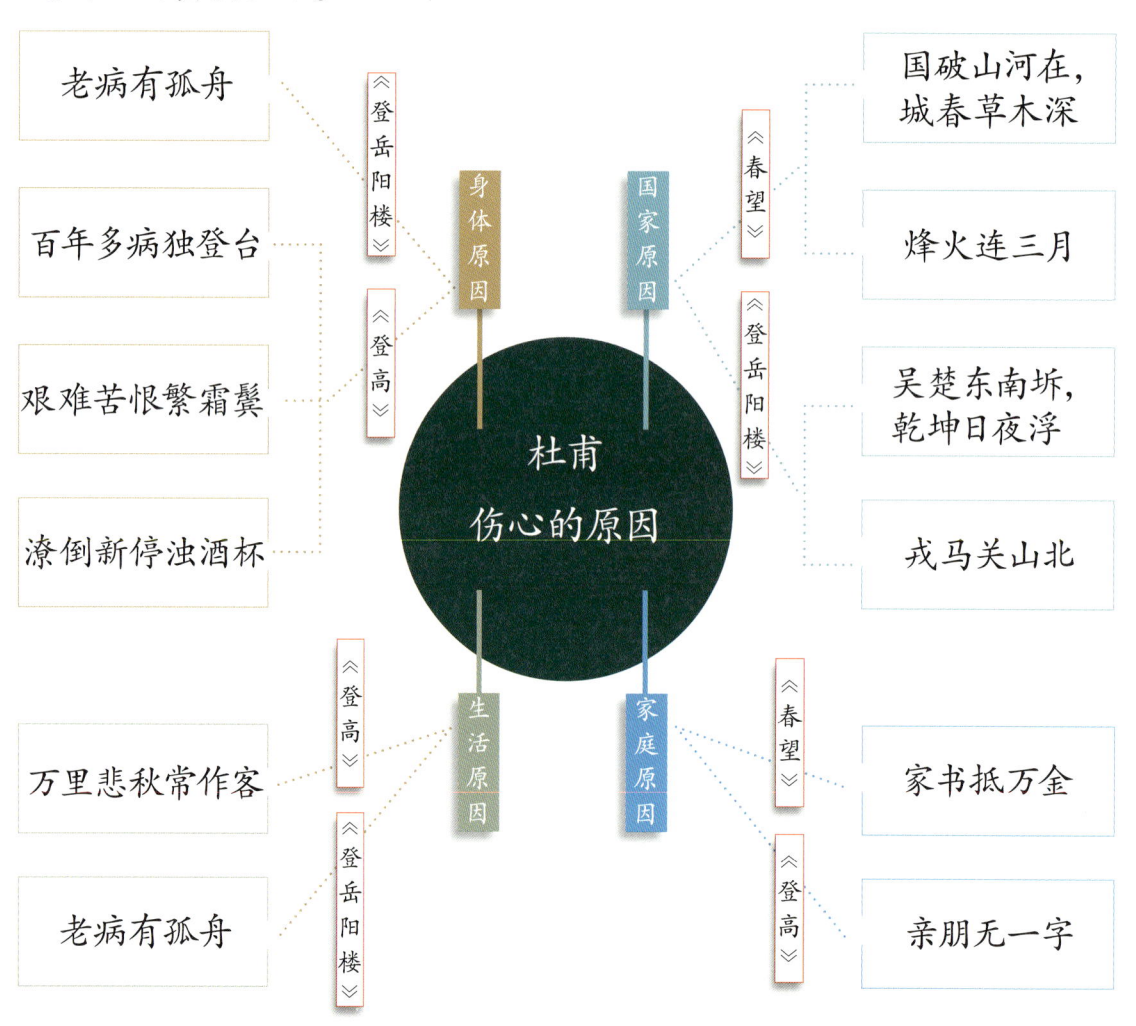

杜甫伤心的原因

身体原因
- 老病有孤舟 《登岳阳楼》
- 百年多病独登台 《登高》
- 艰难苦恨繁霜鬓 《登高》
- 潦倒新停浊酒杯 《登高》

国家原因
- 国破山河在，城春草木深 《春望》
- 烽火连三月 《春望》
- 吴楚东南坼，乾坤日夜浮 《登岳阳楼》
- 戎马关山北 《登岳阳楼》

生活原因
- 万里悲秋常作客 《登高》
- 老病有孤舟 《登岳阳楼》

家庭原因
- 家书抵万金 《春望》
- 亲朋无一字 《登高》

身体原因

　　杜甫有许多叙述自己患病的诗句。他三十多岁就患了风痹症，以致晚年"缓步仍须竹杖扶"。由于长年四处漂泊的生活，风餐露宿，营养不良，又引发了白内障、耳聋、中风、偏枯、足痿等症。杜甫晚年的诗歌中，常常提到自己的肺病，如"肺病久衰翁""高秋疏肺气""衰年肺病惟高枕"等，说明他已患了肺结核。杜甫的一生，颠沛流离，体弱多病，"老病有孤舟""百年多病独登台""艰难苦恨繁霜鬓，潦倒新停浊酒杯"等诗句，读来令人心酸落泪。

国家原因

　　安禄山起兵反唐，很快攻下长安。唐玄宗带领妃嫔皇子，与大臣们仓惶西逃。唐玄宗退位，太子李亨在灵武称帝。杜甫带着家小由奉先往白水，又由白水向陕北流亡。"野果充糇粮，卑枝成屋椽。"吃野果子、搭窝棚，他和流亡的人民一起忍受国破家亡的痛苦。"国破山河在，城春草木深。"杜甫眼见长安沦陷，国家破碎，内心非常痛苦。

生活原因

　　杜甫时运不济，用今天的俗话说，就是有些点背。在最落魄的几个阶段，他和乞丐差不多。例如起初在长安的几年，由于得不到任用，加上父亲去世，杜甫失去了固定的经济来源，生活陷于困顿。他有个族孙杜济住在长安城南郊，为了有一顿饭吃，他每每前去走动，但这位族孙生活也不宽绰，见长辈来了，心里老大的不乐，嘴上不好说什么，却在行动上表现出来：打井水淘米，使劲摆动水桶，把水搅得挺浑；到园中砍菜，放手乱砍一气。杜甫遭遇"宗族"冷落后的凄凉心境，可想而知。后来杜甫被迫离开长安，流落到成都，一家人先是借住在浣花溪畔的一座古寺里，家里都揭不开锅了。小儿饿得实在是扛不住了，也就顾不得父子之礼，冲着父亲一阵怒吼，叫他赶快到邻居那里去讨口饭回来吃。没有办法，当过几天小官的杜甫只好硬着头皮，拉下面子，给老乡、彭州刺史高适发出求援信："百年已过半，秋至转饥寒。为问彭州牧，何时救急难？"高适从百里之外背米来接济他，邻里又送他些小菜，使他免却了无米下炊的困苦。

家庭原因

　　安史之乱后，杜甫一度和家人失散。"家书抵万金""亲朋无一字"等诗句就是写独身一人的孤苦。

044 杜甫的高兴

人高兴的时候，会做些什么呢？杜甫的《闻官军收河南河北》就写了他高兴时的一些表现。

喜 你从哪些地方看出他的高兴呢？

闻官军收河南河北 ⑳

剑外忽传收蓟北，初闻涕泪满衣裳。

> 高兴得掉下了眼泪，典型的喜极而泣啊。

却看妻子愁何在，漫卷诗书喜欲狂。

> 遇到高兴的事特别想和亲人分享。
> 高兴的时候，动作也不免有些"狂野"，想欢呼雀跃。

白日放歌须纵酒，青春作伴好还乡。

> 有的人一高兴就喜欢喝点小酒。
> 有的人一高兴就喜欢唱歌。
> 中国有句古话叫"衣锦还乡"，人高兴的时候想回到家乡。

即从巴峡穿巫峡，便下襄阳向洛阳。

> 人高兴的时候，会觉得时间过得特别快。

Question

从这些悲与喜的诗句中，你感受到了杜甫是一位怎样的诗人？

安史之乱给国家和人民带来巨大的灾难，杜甫早就盼望能早日平定安史之乱。当这一天终于盼来时，他竟激动得悲喜交加，喜极而泣。前四句由"忽传"到"初闻"，再到"却看""漫卷"，几个连续动作把惊喜的心情描绘得活灵活现。后四句通过想象，尽力描写"喜欲狂"时的激动心情：他不但要高歌痛饮，而且恨不得趁着大好春光马上回到家乡。这从他一口气列出的四个地名，就能看出他的心早已沿着这一路线飞走了！是什么事让杜甫如此高兴？原来，唐军在河南滑县附近打了一个大胜仗，收复了洛阳和郑（今河南郑州）、汴（今河南开封）、恒（今河北正定）等州，叛军头领薛嵩、张忠志等纷纷投降。第二年，史思明的儿子史朝义兵败自缢，至此，持续七年多的"安史之乱"宣告结束。杜甫原籍襄阳，而后在洛阳生活多年。洛阳可谓其第二故乡。由梓州去襄、洛，必经三峡。后两句中"巴峡""巫峡""襄阳""洛阳"两两相对，非常工整。其间又以"即从""便下""穿""向"等词语串联，真是令人觉得犹如急流直下，把诗人恨不得一步跨上故土的心情活画了出来，喜悦的抒发也达到了高潮。这首诗不愧为杜甫的"生平第一首快诗"！

"快诗"是人们在高兴时写的诗,为了表达自己内心的喜悦之情。其实,古代诗人还给我们留下了不少"快诗"。《登科后》和《早发白帝城》较为典型。

796年　登科后

登科后

（唐）孟郊

昔日龌龊不足夸,
今朝放荡思无涯。
春风得意马蹄疾,
一日看尽长安花。

796年,46岁的孟郊又奉母命第三次赴京科考,终于考上了进士。放榜那天,孟郊喜不自胜,当即写下了生平第一首快诗《登科后》。这首诗不仅活灵活现地描绘了孟郊高中之后的得意之态,还酣畅淋漓地抒发了得意之情,明快畅达而又别有情韵。因而,这两句诗成为人们喜爱的千古名句,并派生出"春风得意""走马观花"两个成语流传后世。

759 年　　早发白帝城

早发白帝城⑮

（唐）李白

朝辞白帝彩云间，
千里江陵一日还。
两岸猿声啼不住，
轻舟已过万重山。

唐肃宗乾元二年(759年)春天，李白因永王李璘案，流放夜郎，取道四川赶赴被贬谪的地方。行至白帝城的时候，李白忽然收到赦免的消息，惊喜交加，随即乘舟东下江陵。

酒里的喜与悲

"潦倒新停浊酒杯"。

"白日放歌须纵酒"。

诗人喜欢把情怀酌于酒中。

诗离不开酒。

《凉州馆中与诸判官夜集》 (唐) 岑参

弯弯月出挂城头,城头月出照凉州。
凉州七里十万家,胡人半解弹琵琶。
琵琶一曲肠堪断,风萧萧兮夜漫漫。
河西幕中多故人,故人别来三五春。
花门楼前见秋草,岂能贫贱相看老。
一生大笑能几回,斗酒相逢须醉倒。

在宴会上和朋友聚会,高兴,喝酒!此时此刻,酒可是宴会必不可少的兴奋剂。"一生大笑能几回,斗酒相逢须醉倒。"一个"笑"字,写出岑参和他朋友的本色。宴会中不时地爆发出大笑声,这样的欢会,这样的大笑,一生中也难得有几回,老朋友们端着酒杯相聚在一起,能不为之醉倒?"须醉倒",也不是借酒浇愁,而是以酒助兴,是豪迈乐观的醉!真是"酒逢知己千杯少"哇!

《过故人庄》 (唐) 孟浩然

故人具鸡黍,邀我至田家。
绿树村边合,青山郭外斜。
开轩面场圃,把酒话桑麻。
待到重阳日,还来就菊花。

在农村朋友家做客,高兴啊,喝酒。老朋友准备好了黄米饭和鸡肉,邀请孟浩然到他的农舍做客。翠绿的树木环绕着小村子,村子四周青山横斜,景色好美啊!打开窗子,眼前是打谷场和菜园。他们举杯欢饮,谈论着今年庄稼的长势。孟浩然深深为农庄生活所吸引,于是临走时,向主人率真地表示将在秋高气爽的重阳节再来观赏菊花和品菊花酒。

《社日》 (唐) 王驾

鹅湖山下稻粱肥,豚栅鸡栖半掩扉。
桑柘影斜春社散,家家扶得醉人归。

丰收了,高兴啊,喝酒。春社散后,人声渐少,到处都可以看到喝得醉醺醺的村民,被家人邻里搀扶着回家。"家家"是夸张说法,说明醉倒情形之普遍。"醉人"这个细节可以使人联想到村民观社的兴高采烈、畅怀大饮,而这种欣喜之情又是与丰收分不开的。

《短歌行》（其一）㉕　　　　　　　　　　　　　　　　　　　　（东汉）曹操

对酒当歌，人生几何？
譬如朝露，去日苦多。
慨当以慷，忧思难忘。
何以解忧？唯有杜康。

靠什么来排解忧闷？喝酒！曹操非常发愁，愁得不得了。那么愁的是什么呢？原来他是苦于得不到众多的"贤才"来同他合作，一道抓紧时间建功立业。席上歌声激昂慷慨，忧愁长久难以散去。

《宣州谢朓楼饯别校书叔云》⑭　　　　　　　　　　　　　　　　（唐）李白

抽刀断水水更流，
举杯销愁愁更愁。
人生在世不称意，
明朝散发弄扁舟。

李白怀才不遇，烦啊！怎么办？喝酒！抽出宝刀去砍流水，水不但没有被斩断，反而流得更湍急了。我举起酒杯痛饮，本想借酒消去烦忧，结果反倒愁上加愁。啊！人生在世竟然如此不称心如意，还不如明天就披散了头发，乘一只小舟在江湖之上自在地漂流（退隐江湖）罢了。

《酬乐天扬州初逢席上见赠》㉖ （唐）刘禹锡

巴山楚水凄凉地，二十三年弃置身。
怀旧空吟闻笛赋，到乡翻似烂柯人。
沉舟侧畔千帆过，病树前头万木春。
今日听君歌一曲，暂凭杯酒长精神。

同是天涯沦落人，怎么办？喝酒。刘禹锡被贬到外地做官，二十三年（实则二十二年）后应召回京。途经扬州，与同样被贬的白居易相遇。"今日听君歌一曲，暂凭杯酒长精神。"诗人也没有一味消沉下去，他笔锋一转，又相互劝慰，相互鼓励了。他对生活并未完全丧失信心。

《声声慢·寻寻觅觅》㉗ （宋）李清照

寻寻觅觅，冷冷清清，
凄凄惨惨戚戚。

三杯两盏淡酒，
怎敌他晚来风急？

心情不好时，怎么办？喝酒。李清照在靖康之变后，仓皇南渡。国破家亡，爱人病逝，在饱经了人生的炎凉风霜之后，她已不是当年闺中抒情的少女，此时的酒，已满是凄凉之意。心情不好，再加上这种乍暖还寒的天气，词人连觉也睡不着了。如果能沉沉睡去，那么还能在短暂的时间内逃离痛苦，可是越想入眠就越难以入眠，于是词人很自然地想起亡夫来。她披衣起床，喝一点酒暖暖身子。可是寒冷是由于孤独引起的，而饮酒与品茶一样，独自一人只会觉得分外凄凉。

Chapter
03

Chapter 03

■ 岳飞　　■ 辛弃疾

南宋的爱国诗人

■ 李清照　　　　　■ 文天祥　　　　　■ 陆游

056　宋朝年表

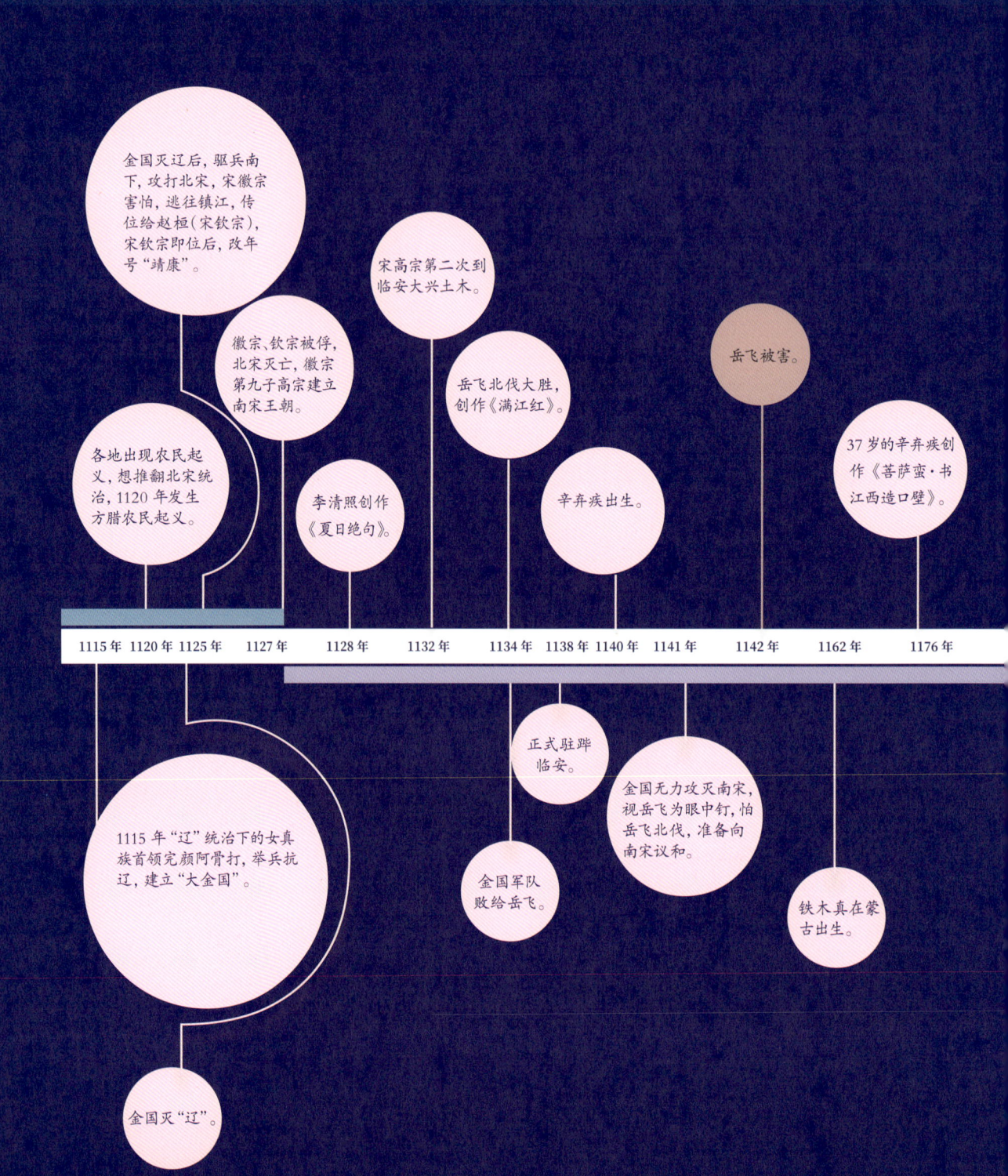

- **1115年**：1115年"辽"统治下的女真族首领完颜阿骨打，举兵抗辽，建立"大金国"。
- **1120年**：各地出现农民起义，想推翻北宋统治，1120年发生方腊农民起义。
- **1125年**：金国灭"辽"。
- **1127年**：金国灭辽后，驱兵南下，攻打北宋，宋徽宗害怕，逃往镇江，传位给赵桓（宋钦宗），宋钦宗即位后，改年号"靖康"。徽宗、钦宗被俘，北宋灭亡，徽宗第九子高宗建立南宋王朝。
- **1128年**：李清照创作《夏日绝句》。
- **1132年**：宋高宗第二次到临安大兴土木。
- **1134年**：岳飞北伐大胜，创作《满江红》。
- **1138年**：正式驻跸临安。
- **1140年**：辛弃疾出生。金国军队败给岳飞。
- **1141年**：金国无力攻灭南宋，视岳飞为眼中钉，怕岳飞北伐，准备向南宋议和。
- **1142年**：岳飞被害。
- **1162年**：铁木真在蒙古出生。
- **1176年**：37岁的辛弃疾创作《菩萨蛮·书江西造口壁》。

时间轴

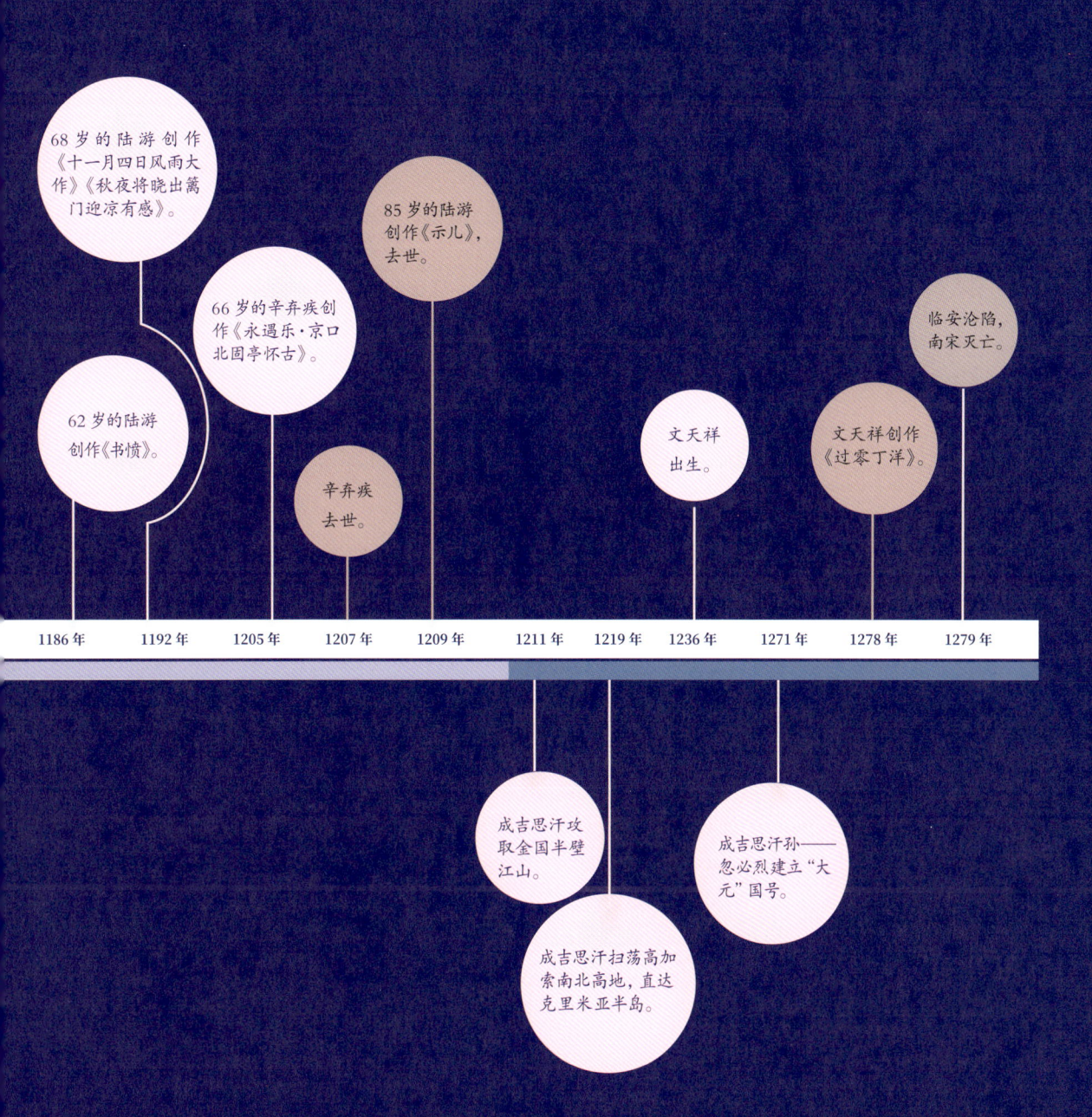

- **1186年**：62岁的陆游创作《书愤》。
- **1192年**：68岁的陆游创作《十一月四日风雨大作》《秋夜将晓出篱门迎凉有感》。
- **1205年**：66岁的辛弃疾创作《永遇乐·京口北固亭怀古》。
- **1207年**：辛弃疾去世。
- **1209年**：85岁的陆游创作《示儿》，去世。
- **1211年**：成吉思汗攻取金国半壁江山。
- **1219年**：成吉思汗扫荡高加索南北高地，直达克里米亚半岛。
- **1236年**：文天祥出生。
- **1271年**：成吉思汗孙——忽必烈建立"大元"国号。
- **1278年**：文天祥创作《过零丁洋》。
- **1279年**：临安沦陷，南宋灭亡。

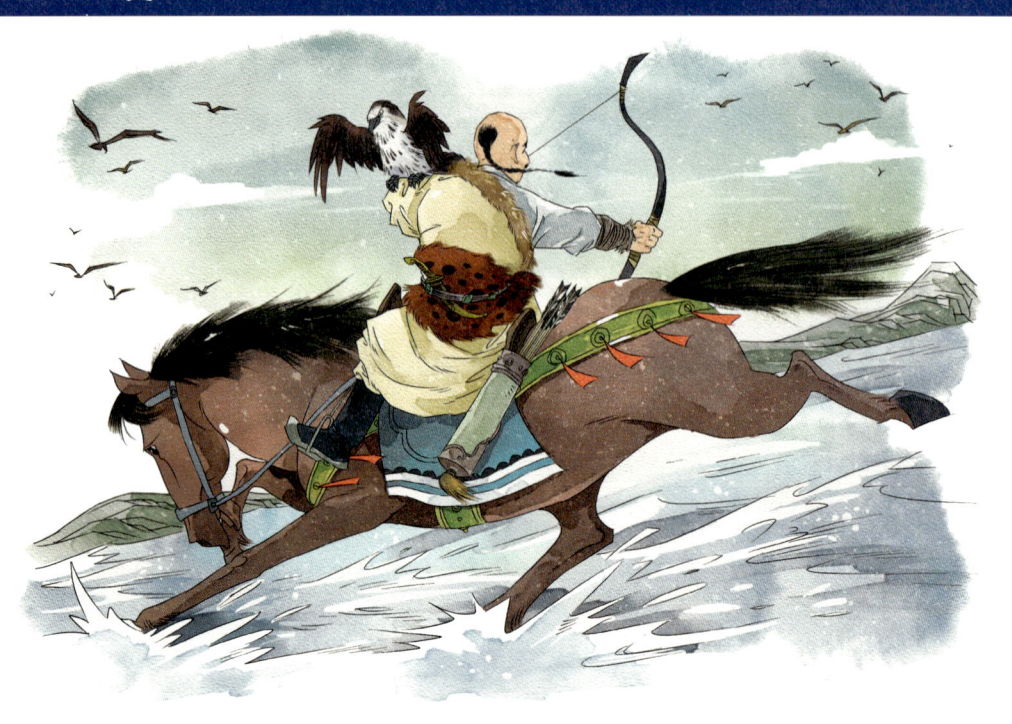

自10世纪中后期开始，北宋、辽在东亚大陆具有统治地位。契丹族建立的辽包含现在的东北三省，以及蒙古、俄罗斯的部分地区。疆域面积甚至超过北宋。

在辽统治的区域内，生活着一个民族——女真。女真族是生活在东北地区的古老民族，女真人很长一段时间里视辽为宗主，对其朝贡称臣。

作为辽的属部，女真对辽要履行诸多的义务。辽国的首领秋天打猎的时候，女真首领都要前往效力。他们辛苦在前，享乐却无份，根本不被辽国统治者放在眼里。这种情况，促使女真族对辽国统治者产生了强烈的不满。不满又怎么样呢？他们打不过辽啊。尽管他们异常勇猛，骁勇善战，据说三人可搏猛虎，但是，女真族分成了几十个部落，个人再会打，不拧成一股绳，力量终究有限。

1068年，女真族部落里，诞生了一个了不起的男孩——完颜阿骨打，他是未来女真族伟大的首领，他将改变女真族的命运。

1115年，48岁的完颜阿骨打联合了十几个部族组成部落联盟，建立金国，开始抗辽。

金辽战争要图

第一阶段
第二阶段
第三阶段
第四阶段

　　1125年，通过多年的努力，金国灭掉辽国，一举成为东亚的军事强国，不过这时候完颜阿骨打已经去世。当金国逐渐强盛的时候，北宋的统治者并没有足够重视，相反，北宋内部争权夺利，斗争得很厉害。

　　1125年，金国在灭辽之后，马上对北宋虎视眈眈。他们很快驱兵南下，分两路进攻北宋，进逼宋朝都城汴京（今河南开封）。昏庸无能的宋徽宗赵佶听到金兵来犯，惊恐万状，传位给太子赵桓（宋钦宗），自称太上皇，借"烧香"为名，逃往镇江避祸。宋钦宗即位后，改年号"靖康"。他同样畏敌如虎，只是迫于形势，才任命主战派李纲负责保卫汴京。

　　1126年（靖康元年）秋天，金兵第二次南侵，东西两路军队合围汴京。在这危急关头，无赖郭京说他能请"神兵"退敌，宋钦宗竟信以为真，下令撤去城上守军，大开城门，请"神兵"退敌。金兵就乘机攻入汴京，徽宗、钦宗束手就擒，做了俘虏。第二年春，金兵北撤，将城内92个府库内的财物席卷一空，又把徽、钦二帝及皇族、大臣等大批人员掳至北方，北宋王朝也就灭亡了。

■ 1127年，靖康二年，北宋王朝灭亡，南宋建立。

　　1127年，"靖康之变"发生后，宋徽宗的第九个儿子康王赵构在应天府（今河南商丘）登上皇位，建立了"南宋"。朝廷被迫不断向南迁移，人民生活在战乱和动荡之中。

　　你比较北宋地图和南宋地图就会发现，南宋的疆域比北宋的疆域小了很多，北方一大片土地被金国占领。

李清照、林升、岳飞

■ 仔细读，你能发现这三首诗词的共同点吗？

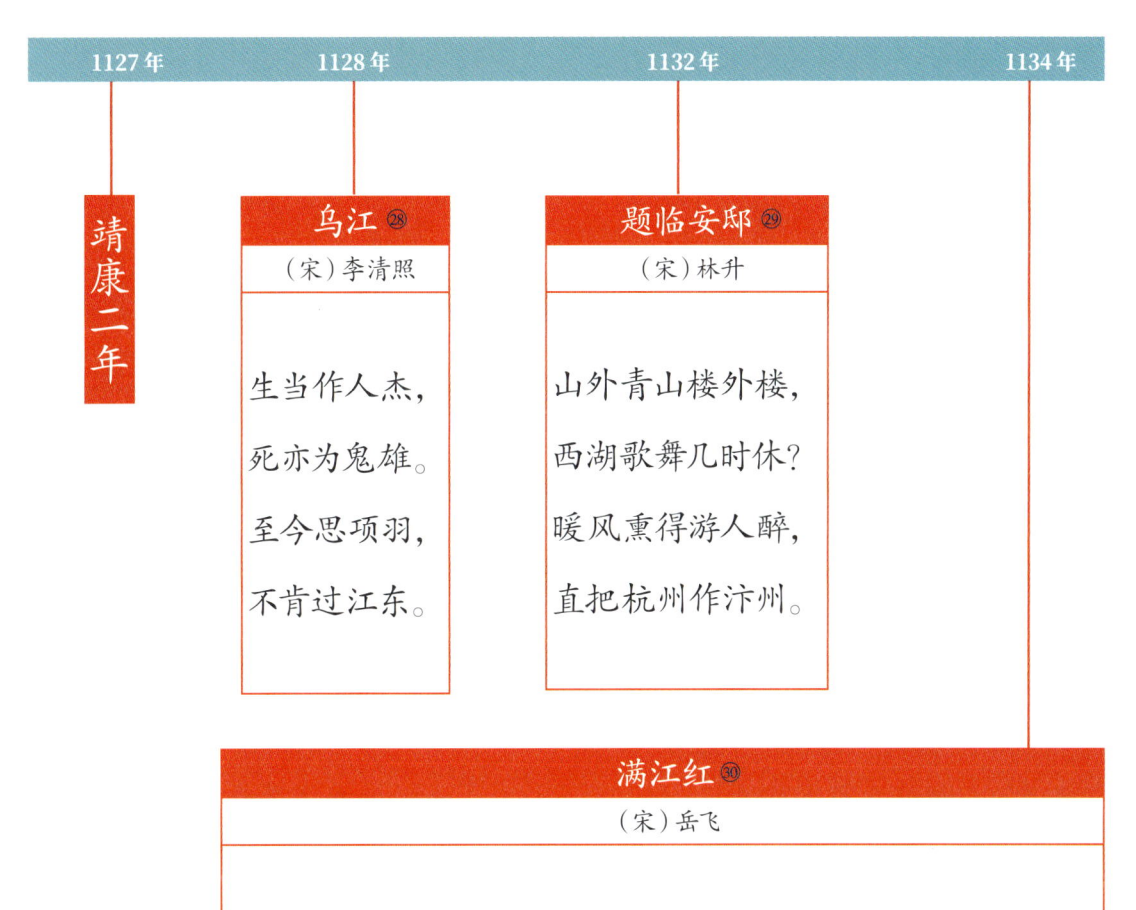

1127年　　1128年　　　　1132年　　　　1134年

靖康二年

乌江㉘
（宋）李清照

生当作人杰，
死亦为鬼雄。
至今思项羽，
不肯过江东。

题临安邸㉙
（宋）林升

山外青山楼外楼，
西湖歌舞几时休？
暖风熏得游人醉，
直把杭州作汴州。

满江红㉚
（宋）岳飞

怒发冲冠，凭栏处、潇潇雨歇。抬望眼，仰天长啸，壮怀激烈。三十功名尘与土，八千里路云和月。莫等闲、白了少年头，空悲切。

靖康耻，犹未雪。臣子恨，何时灭。驾长车，踏破贺兰山缺。壮志饥餐胡虏肉，笑谈渴饮匈奴血。待从头、收拾旧山河，朝天阙。

1127年，强悍的金兵入侵中原，砸烂了宋王朝的琼楼玉苑，抓走了宋徽宗、宋钦宗两个皇帝，赵宋王朝仓皇南逃。国家被侵袭，改变了每一个人的生活，其中包括==李清照夫妇==。当时的李清照44岁，她生于书香门第，早期生活优裕，从小受到了良好的教育，再加上有天赋，所作诗词在当时被争相传诵。她的丈夫赵明诚是贵族子弟，也喜欢文学。所以夫妻俩一起读书，一起研究，感情很好，在当时传为佳话。汴京被占领后，李清照夫妇也南下逃亡。不久，丈夫赵明诚被任命为江宁知府。一天深夜，城里发生叛乱，身为知府的赵明诚没有恪尽职守指挥战斗，而是悄悄地逃跑了。叛乱平定之后，赵明诚被朝廷革职。

　　1128年，他们向江西方向逃亡，行至乌江，站在楚霸王项羽兵败自刎的地方，李清照不禁浮想联翩，心潮激荡。面对浩浩江水，随口吟就了这首《乌江》。这首诗起调高亢，鲜明地提出了人生的价值取向：人活着就要做人中的豪杰，为国家建功立业；死也要为国捐躯，成为鬼中的英雄。李清照看到南宋统治者不管百姓死活，只顾自己逃命；抛弃中原河山，苟且偷生，情不自禁想起了项羽，借项羽的壮举批评南宋当权派的无耻行径。

　　1132年，宋高宗离开汴京已经5年，他想把都城定在"人间天堂"——临安（今杭州），因此，临安一下子繁荣起来。上自帝王将相，下至士子商人，在临安建明堂，修太庙，造豪宅……这些达官显贵沉迷于歌舞享乐，生活奢华，以至于当时的西湖得了一个"销金窝"的称号。此后的几十年中，这些人把临时苟安的杭州当作北宋的汴州（今河南开封），竟完全忘记了国仇家恨。一些爱国志士对此义愤填膺，纷纷指责统治者醉生梦死，不顾国计民生。在这些批评南宋统治者的诗中，最有名就是《题临安邸》了。这首诗是在杭州一家酒店的墙上被发现的。作者有人说是林升，有人说是林外。因当年题诗留在粉墙上的字迹是行草，"升"与"外"字形很像。当然，在现在的各个版本的诗歌集中，大部分署名是==林升==。

这首诗先描写了临安的繁华、美丽。重重叠叠的青山，雕梁画栋的楼阁，人们在人间天堂游山玩水，饮酒作乐。紧接着诗人追问南宋的统治者：你们真的把暂时栖身的杭州，当成了汴州？难道你们真的已经忘记了丢失的北方领土，沦落的旧都？可见，老百姓对南宋的统治者是很失望的。

话说从1125年起，在金兵的攻击下，宋军节节败退，兵败如山倒。那么金兵为何不乘胜追击，一举消灭宋朝呢？

不是金兵不想，1129年的时候，金军又兵分多路向南进犯，只图一举灭亡南宋，占领整个宋朝领土。这时候，谁站了出来呢？——**岳飞**。他精通兵法，英勇异常，他率领的岳家军纪律严明。从1127年到1140年，岳家军屡战屡胜，收复了大量失地，也保证了南宋的安全。1134年秋，岳飞第一次北伐大获全胜。8月下旬，南宋朝廷提拔岳飞为清远军节度使。当这个任命发到鄂州（今武昌）时，岳家军全军将士欢欣鼓舞。一天，雨歇云散，江山明丽，岳飞凭栏远眺，感慨万千，吟咏了《满江红》这首词。岳飞在词里写道：靖康年间的奇耻大辱不能忘却，收复旧日山河指日可待。

1141年，距离金国入侵16年，金国发现因为岳家军的存在，无力灭宋。因此，金国准备与南宋议和。这时南宋朝廷分成两派，一派主战，例如岳飞，他有信心收复全部失地，将金国侵略者赶出中原。如果当时宋高宗听岳飞的，就不会有后来陆游等写的伤悲的诗了。还有一派主和，例如秦桧。宋高宗后来听信秦桧谗言，于1142年杀死了岳飞，暂时和金达成了停战协议。老百姓的眼睛是雪亮的，他们喜欢岳飞，感谢岳飞，敬仰岳飞，所以杭州有岳王庙。同样，他们恨秦桧，恨得咬牙切齿，到现在，秦桧的塑像还在西湖边跪着呢。

064　爱国诗人陆游、辛弃疾

说到爱国诗人，肯定得说到陆游、辛弃疾。他们在诗词中经常说到要抗金，要收复失地。岳飞带领将士在战场上真刀真枪拼杀的时候，他们到哪里去了呢？我们来看一看陆游、辛弃疾的出生年月。

陆游出生于1125年，岳飞和金兵抗衡的那些年，他也就是个十来岁的孩子，一个孩子怎么可能上前线打仗呢？他随着家人四处逃难，饱尝流离失所的痛苦。

辛弃疾呢，出生于1140年，他出生在北方，也就是说他出生的地方已经被金人统治了十多年了。女真族当权，汉人的地位当然低下啦，所以辛弃疾很长一段时间里过的是忍辱负重的生活。

等他们长大，可以一展抱负，为国效力的时候，"大局已定"。宋高宗安于现状，对于抗金、收复失地根本没想法了。

所以陆游和辛弃疾虽然做着南宋的官，心里却是不痛快的。而且因为他们老是提"北上抗金"，南宋的统治者、当权派听了很烦，在仕途上不断排挤打击他们。于是，陆游和辛弃疾这些爱国诗人只能写写诗词抒发内心苦闷。他们写了哪些诗呢？我们来看——

陆游

1186年	书愤㉛
62岁	早岁那知世事艰，中原北望气如山。 楼船夜雪瓜洲渡，铁马秋风大散关。 塞上长城空自许，镜中衰鬓已先斑。 出师一表真名世，千载谁堪伯仲间。
1192年	秋夜将晓出篱门迎凉有感㉜
68岁	三万里河东入海， 五千仞岳上摩天。 遗民泪尽胡尘里， 南望王师又一年。
1192年	十一月四日风雨大作㉝
68岁	僵卧孤村不自哀， 尚思为国戍轮台。 夜阑卧听风吹雨， 铁马冰河入梦来。
1193年	诉衷情㉞
69岁	当年万里觅封侯，匹马戍梁州。 关河梦断何处？尘暗旧貂裘。 胡未灭，鬓先秋，泪空流。 此生谁料，心在天山，身老沧洲。
1209年	示儿㉟
85岁	死去元知万事空， 但悲不见九州同。 王师北定中原日， 家祭无忘告乃翁。

1186年，离靖康之耻60年，陆游62岁。陆游回到了家乡山阴（今绍兴），想到山河破碎，中原未复，于是写了《书愤》。所谓"书愤"，就是书写自己的愤怒啊。"我年轻时就立志北伐中原，哪想到竟然如此艰难。我常常北望那中原大地，热血沸腾。记得在瓜洲渡痛击金兵，雪夜里催发着楼船战舰。秋风中战马驰骋，收复了大散关。想当初我自比万里长城，立下壮志为祖国扫除边患。可是现在呢？年纪大了，头发也白了，收复中原已经成为空谈。我不由得想念三国时期的诸葛孔明，《出师表》真可谓名不虚传。有谁能像诸葛亮鞠躬尽瘁，率三军兴复汉室北定中原？"

　　1192年，陆游是越来越老了，62岁的时候，他还会想当年，想年轻的时候自己率兵打仗的样子。可是现在他68岁了，早上走出屋子都不胜凉意了。他已经对"王师"，也就是南宋的军队出兵收复失地完全不抱希望了，于是他在诗里写道："万里黄河向东流入大海，千仞高的华山耸入云霄。中原人民在胡人压迫下流干了泪水，他们盼望王师北伐盼了一年又一年。"陆游深深地为生活在金国统治下的中原人民感到难过。

　　1192年，陆游还写了《十一月四日风雨大作》。这一天，风雨大作，陆游躺在床上听到那风雨的声音，迷迷糊糊地梦见自己骑着披着铁甲的战马，跨过冰封的河流出征北方疆场。一个68岁的老人，孤零零地生活在荒凉的乡村，他不自哀自怜，心中总想着替国家防卫边疆。

　　1193年，陆游69岁。他在《诉衷情》这首词中再一次回忆了自己年轻时奔赴边疆、保卫梁州的经历，再一次强调防守边疆只能在梦中出现了。他在词中写道："敌兵还未消灭，自己的双鬓却早已白如秋霜，只能任凭忧国的眼泪白白地流淌。谁能料我这一生，心始终在前线抗敌，人却老死在江湖！"

　　1209年12月29日，离靖康之耻83年，陆游85岁，弥留之际对自己的儿子说："我本来知道，当我死后，人间的一切就都与我无关了。唯一使我痛心的，就是我没能亲眼看到祖国的统一。因此，当大宋军队收复中原失地的那一天到来之时，你们举行家祭，千万别忘把这好消息告诉你们的父亲！"这就是千古传唱的《示儿》。

辛弃疾

1176 年 37 岁	**菩萨蛮·书江西造口壁**[36] 郁孤台下清江水，中间多少行人泪？ 西北望长安，可怜无数山。 青山遮不住，毕竟东流去。 江晚正愁余，山深闻鹧鸪。
1205 年 66 岁	**永遇乐·京口北固亭怀古** 千古江山，英雄无觅，孙仲谋处。 舞榭歌台，风流总被，雨打风吹去。 斜阳草树，寻常巷陌，人道寄奴曾住。 想当年，金戈铁马，气吞万里如虎。 元嘉草草，封狼居胥，赢得仓皇北顾。 四十三年，望中犹记，烽火扬州路。 可堪回首，佛狸祠下，一片神鸦社鼓。 凭谁问，廉颇老矣，尚能饭否？

1176年，离靖康之耻50年，辛弃疾37岁（陆游当时52岁，比辛弃疾大），时任江西提点刑狱。提点刑狱是中国宋代的一种官职名称，大致相当于现在的法官兼检察官。辛弃疾处理公务经常往来于湖南、江西，一天他来到造口，看到赣江滔滔的江水，思绪也似这江水般波澜起伏，于是写下了这首词："郁孤台下流着赣江的水，水中有多少逃难人的眼泪啊。我抬头眺望西北的长安，可惜只见到无数的青山。但青山怎能把江水挡住，浩浩江水终于向东流去。"他的言下之意是，他收复中原的想法、决心是像这流水一样不可阻挡的。但是，深山里传来鹧鸪的鸣叫声又让他忧愁，愁什么呢？他觉得中原被金兵占领50年，现在的南宋王朝又腐败堕落，要想收复失地，真是希望渺茫。因此辛弃疾内心极其矛盾。

　　1205年，离靖康之耻79年，辛弃疾66岁。写《书江西造口壁》的时候他是个中年人，现在他是个老人了。不过他一直梦寐以求的"北伐"有希望了，因为当时的宰相韩侂胄主张北伐，于是闲置已久的辛弃疾受命担任镇江知府。

　　辛弃疾当然支持北伐抗金的决策，但是他又觉得宰相韩侂胄轻敌冒进，不免忧心忡忡，他认为应当做好充分准备，绝不能草率从事，否则北伐会再次失败。辛弃疾的意见没有引起南宋当权者的重视。一次他来到京口北固亭，登高眺望，心潮澎湃，感慨万千，于是写下了这首词中佳作。这首词典故太多了，不读典故，根本读不懂这首词。

070 了解典故，读懂词

辛弃疾的这首词中有很多典故，也就是背后有历史故事，如果不知道这些典故，就很难读懂这首词。

永遇乐·京口●北固亭怀古

千古江山，英雄无觅，孙仲谋●处。

舞榭歌台，风流总被，雨打风吹去。

斜阳草树，寻常巷陌，人道寄奴●曾住。

想当年，金戈铁马，气吞万里如虎。

元嘉草草●，封狼居胥●，赢得仓皇北顾。

四十三年，望中犹记，烽火扬州路●。

可堪回首，佛狸祠●下，一片神鸦社鼓。

凭谁问，廉颇●老矣，尚能饭否？

● 京口，三国时吴大帝孙权设置的重镇，并一度是东吴的都城，也是南朝宋武帝刘裕生长的地方。

● 孙权，字仲谋，祖籍吴郡富春（今浙江富阳）。三国时期东吴的建立者。孙权以区区江东之地，抗衡曹魏，开疆拓土，形成了三国鼎立的局面。关于孙权最让人津津乐道的两个故事就是：208年，他与刘备联合在赤壁打败曹操军队，建立了孙刘联盟。219年，他派大将吕蒙成功偷袭刘备的荆州，使吴国的领土面积大大增加。

● 宋武帝刘裕，小名寄奴。399 年，参军起义，后以京口为基地，在势单力薄的情况下逐渐壮大，对内平定战乱，统一南方，取代了东晋政权。对外致力于北伐，收复了黄河以南大片故土。被誉为"南朝第一帝"。

● 宋武帝刘裕的一系列改革措施使国家府库充盈，器仗精良，国家日久无事。也正应了那句"无事生非"之语，他的儿子宋文帝刘义隆好大喜功，元嘉二十七年（450 年），他在别人的挑唆下带领军队仓促北伐，却反而让北魏太武帝拓跋焘乘机挥师南下，遭到对手的重创。

● 狼居胥山，此山地处蒙古荒漠，鲜有草木，且常年风大沙多。公元前 119 年，汉武帝命卫青、霍去病各率骑兵 5 万分别深入漠北，寻歼匈奴主力，乘胜追杀至狼居胥山。封狼居胥指西汉大将霍去病登狼居胥山筑坛祭天以告成功之事，后来封狼居胥成为汉人的最高荣誉之一。

● 辛弃疾出生在金占领区，他在南归前曾参加反抗金兵的义军，曾在战火弥漫的扬州以北地区参加抗金斗争，"烽火扬州路"就是指这段抗金壮举。后来他南归任镇江知府，原想凭借国力，恢复中原。不期南宋朝廷昏聩无能，使他英雄无用武之地，不知不觉已经过了四十三年。

● 佛狸祠在长江北岸的瓜步山上（今江苏六合县东南）。南北朝时的元嘉二十七年（450 年），前面提到的刘义隆率领军队北伐惨败，北魏太武帝拓跋焘趁势反击，十月末，北魏军来到建康北面的瓜步山，并在瓜步山上建行宫，后来成为一座庙宇。拓跋焘小字佛狸，所以民间把它叫作佛狸祠。后来的老百姓们只把佛狸当作一位神祇来奉祀，而决不会审查这神的来历。

● 公元前 245 年，齐、楚、燕、韩、赵、魏、秦七国，群雄纷争。赵国的赵悼襄王听信谗言，解除了大臣廉颇的军职，廉颇一怒之下就投奔魏国去了。廉颇去魏国住了很久，魏王虽然收留了他，却并不信任和重用他。后来因为赵国多次被秦军围困，赵王想再次任用廉颇，于是派遣一名使者带着名贵的盔甲和四匹快马去慰问廉颇，看廉颇是否还可用。赵国使者见到廉颇以后，廉颇在他面前一顿饭吃了一斗米，十斤肉，还披甲上马，表示自己还有用。但使者回来向赵王报告说："廉将军饭量很好，可是和我坐在一起，不多时就拉了三次屎，看来老了。"使者之所以说假话，是因为收了廉颇仇人的贿赂，故意说廉颇的坏话。赵王听了以后认为廉颇老了，就没任用他，廉颇也就失去了为国效力的机会。

南宋，最终走向灭亡

- 1207 年，辛弃疾去世。
- 1209 年，陆游去世。

可是，陆游、辛弃疾哪里想到，正当他们日日夜夜想北伐抗金，把金国视作最大的敌人的时候，真正的敌人正休养生息，迅速崛起，那就是更北边的蒙古族。1162 年，陆游 38 岁，辛弃疾 23 岁的时候，蒙古草原上诞生了一名英雄——铁木真（成吉思汗）。

- 1211 年，就在辛弃疾去世后 4 年，陆游去世后 2 年，成吉思汗率 10 万大军南下，浩浩荡荡，跨过长城，先后攻克易州和居庸关，席卷河北、山东等地，攻取金国半壁江山。1215 年，又攻占了中都（今北京），从此金国统治日益衰弱，国都被迫南迁。
- 1219 年成吉思汗亲自统率 20 万蒙古远征军进攻花剌子模，攻占他们的国都，控制了全部领土。随之又派哲别、速不台两将率领 3 万先锋队，扫荡高加索南北各地，后直抵克里米亚半岛。在此后的几十年里，蒙古族继续强大。

图例：
- 蒙古兴起地
- 成吉思汗西征路线
- 成吉思汗攻金夏路线

■ 1271年，成吉思汗的孙子忽必烈宣布建"大元"国号，第二年建国都于大都城（今北京）。
■ 1279年，元军灭掉了南宋，大元朝的疆域极其辽阔。

可能有人要问，在这个过程中，难道南宋朝廷一点都没有反抗吗？这就不得不提到爱国将领文天祥了。文天祥出生于1236年。这一年，岳飞已经去世94年，辛弃疾、陆游已经去世20多年了。

1275年，当元朝军队大举进犯南宋的时候，文天祥40岁左右，正当壮年，是南宋的丞相。他在江西赣州组织义军，率兵奔赴临安（南宋都城）保卫皇室。不久奉命前往元军兵营谈判，结果被扣留。

后来文天祥找到机会冒险逃到温州，继续募集将士，抵御元兵。兵败，再次被俘，拘囚在燕京（今北京市）4年。当时元世祖忽必烈非常重视人才，南宋有才能的官员只要愿意投降，他都愿意重用。其中他最看重文天祥，因为当时很多人说："南宋人中没有谁比得上文天祥。"

在这4年里，元军多方诱降，文天祥始终不肯屈服，1283年从容就义，终年47岁。

在这4年里，文天祥写过一首诗《过零丁洋》，表明自己的心志。

过零丁洋㊲

（宋）文天祥

辛苦遭逢起一经，
干戈寥落四周星。
山河破碎风飘絮，
身世浮沉雨打萍。
惶恐滩头说惶恐，
零丁洋里叹零丁。
人生自古谁无死？
留取丹心照汗青。

看看南宋最后一位将领在诗中表达了什么吧：

我一生的辛苦遭遇，都开始于一部儒家经书。从率领义军抗击元兵以来，经过了四年的艰苦岁月。祖国的大好河山在敌人的侵略下支离破碎，就像狂风吹卷着柳絮零落飘散；自己的身世遭遇也动荡不安，就像暴雨打击下的浮萍颠簸浮沉。

想到自己以前兵败江西，从惶恐滩头撤离的情景，至今还让人感到惊恐。

想到去年五岭坡全军覆没，身陷敌手，如今在浩瀚的零丁洋中，只能悲叹自己的孤苦伶仃。

自古人生在世，谁没有一死呢？为国捐躯，就是死得其所，让我留下这颗赤诚之心光照青史吧！

文天祥就义，他的诗永存。

辛苦遭逢起一经
干戈寥落四周星
山河破碎风飘絮
身世沉浮雨打萍
惶恐滩头说惶恐
零丁洋里叹零丁
人生自古谁无死
留取丹心照汗青

Chapter
04

Chapter 04

幸会，苏东坡

■ 人生为何少快乐，只因未读苏东坡：

- ■ 他爱读书，崇尚科学
- ■ 他对家人、朋友是那么友爱
- ■ 他总是忧心国家与百姓
- ■ 他太讲原则，以致一生坎坷
- ■ 他一生坎坷，却永远乐观

　　……

苏轼人生图

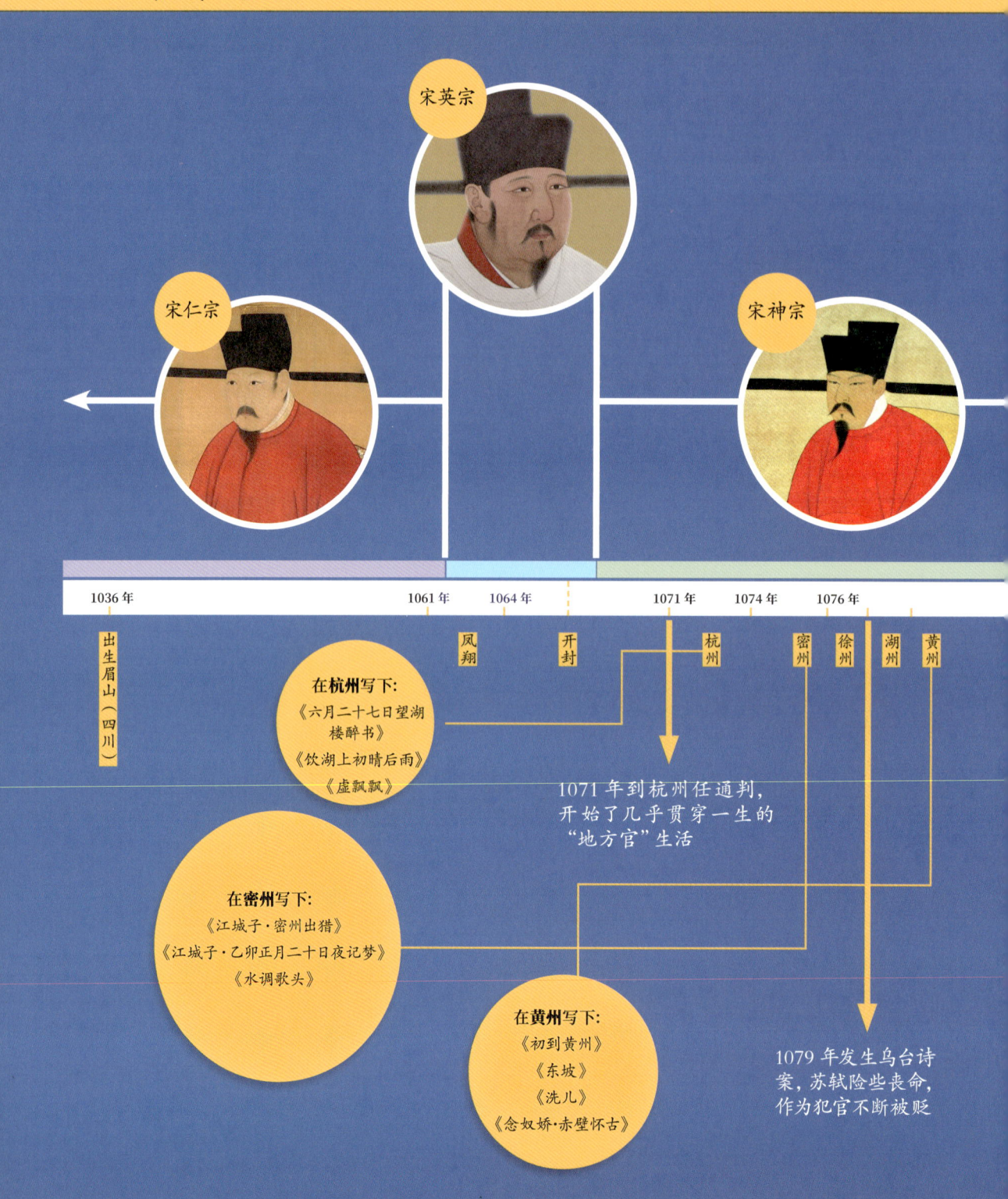

宋仁宗　　宋英宗　　宋神宗

| 1036年 | 1061年 | 1064年 | 1071年 | 1074年 | 1076年 |

出生眉山（四川）　凤翔　开封　杭州　密州　徐州　湖州　黄州

在杭州写下：
《六月二十七日望湖楼醉书》
《饮湖上初晴后雨》
《虚飘飘》

1071年到杭州任通判，开始了几乎贯穿一生的"地方官"生活

在密州写下：
《江城子·密州出猎》
《江城子·乙卯正月二十日夜记梦》
《水调歌头》

在黄州写下：
《初到黄州》
《东坡》
《洗儿》
《念奴娇·赤壁怀古》

1079年发生乌台诗案，苏轼险些丧命，作为犯官不断被贬

081

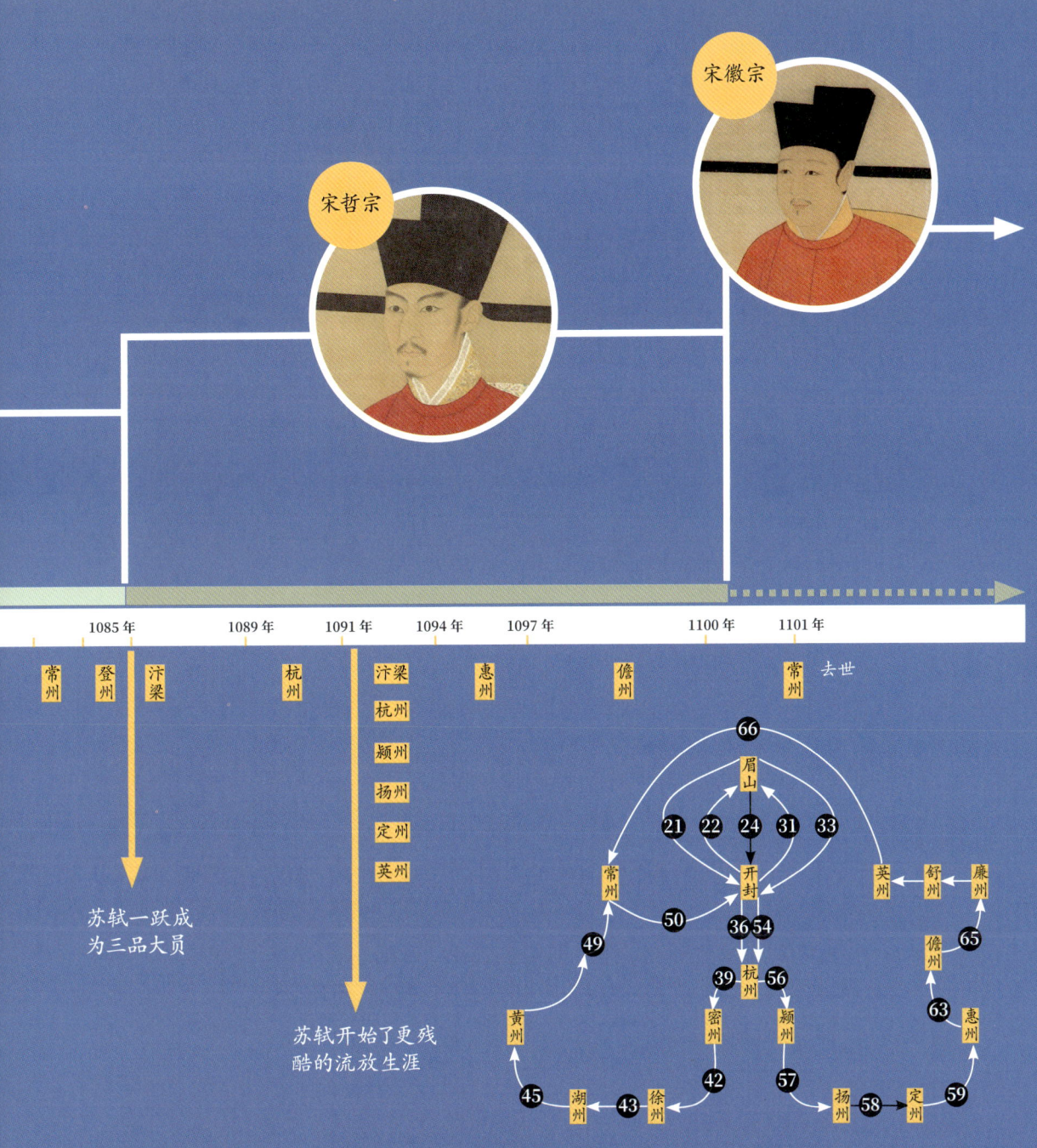

宋哲宗

宋徽宗

| 1085年 | 1089年 | 1091年 | 1094年 | 1097年 | 1100年 | 1101年 |

常州 | 登州 | 汴梁 | 杭州 | 汴梁 杭州 颍州 扬州 定州 英州 | 惠州 | 儋州 | 常州 去世

苏轼一跃成为三品大员

苏轼开始了更残酷的流放生涯

66 眉山
21　22　24　31　33
常州 ← 开封 → 英州 ← 舒州 ← 廉州
49　50　36 54　65
黄州　39 杭州 56　儋州
45 → 湖州 → 43 徐州 → 42 密州　颍州 57 → 扬州 58 → 定州 59 → 惠州 63

苏轼一生很坎坷！辉煌时,当过太子的侍读,是朝廷三品大员。更多时候,是"外放",是被贬,一直"在路上"。为什么会这样？你可以结合后面的苏轼年表阅读。

苏轼一生很坎坷！辉煌时，当过太子的侍读，是朝廷三品大员。更多时候，是"外放"，是被贬，一直"在路上"。为什么会这样？你可以结合下面的苏轼年表阅读。

- 1036年，苏轼出生于四川眉山
- 1054年，19岁，娶王弗为妻
- 1057年，22岁，与父亲苏洵、弟弟苏辙进京考试。苏轼兄弟同科进士及第。父子三人名震京师
- 1057年4月，22岁，母亲程氏病逝，返回四川服丧
- 1059年，24岁，长子苏迈出生
- 1061年，26岁，出任凤翔签判

● 1036年—1063年 宋仁宗（苏轼1岁-28岁）

苏轼出生的时候，在位皇帝是宋仁宗，当时28岁，正当青年。这个宋仁宗是宋朝18个皇帝中名声最好、老百姓评价最高的，也是在位时间最长的，前前后后当了42年皇帝。宋仁宗生性恭俭仁恕，不喜欢打仗，希望老百姓能过上安定太平的日子，对下属也非常宽厚。为了实现自己的目标，宋仁宗想了很多办法，世界上最早的纸币——"官交子"就是他在位时发行的。所以1063年，宋仁宗驾崩的时候，"京师罢市巷哭，数日不绝，虽乞丐与小儿，皆焚纸钱哭于大内之前"。就是说整个京城，老百姓生意也不做了，男女老少，穷人富人，伤心了好几天。邻近的国家听到宋仁宗去世的消息，也非常难过，例如讣告送到辽国时，竟"燕境之人无远近皆哭"，辽道宗耶律洪基痛哭道："四十二年不识兵革矣。"1036年，苏轼在四川出生。苏轼一家能在四川眉山安心读书，是因为碰上了好年月。如果碰上兵荒马乱的年月，碰上昏庸无能的皇帝，未必有这么好的运气了。1057年的时候，苏轼和父亲、弟弟进京赶考，父子三人横空出世，轰动京师。

人生迁移图

使用说明

❻⓺ 苏东坡年龄

廉州 苏东坡所在地名

● **1065年，30岁，妻子王弗病逝**

● 1063年—1067年 宋英宗（苏轼28岁-32岁）

　　1063年，宋英宗即位，宋英宗只活了36岁，只当了5年皇帝。5年能做出什么事，也做不了什么事，但是有一点是值得肯定的，宋英宗非常重视文化教育，例如任命司马光设局专修历史巨著《资治通鉴》。这是中国文化史上非常重要的事件。这么重视文化的皇帝，为什么没有重用苏轼呢？苏轼只是在陕西凤翔这个小地方当了一个"秘书"。其实，宋英宗赵曙听说过苏轼，十分欣赏。继位后，宋英宗本想按照唐朝的惯例将苏轼召入翰林院，授予他知制诰职务。但当时的宰相韩琦却说："如果现在突然重用苏轼，天下士大夫恐怕会怀疑他的能力，这反而对苏轼不利。再等几年，让他在地方上锻炼几年，再重用他，其他人就不会有意见了。"

　　这样倒也好。苏轼因为宰相韩琦的这句话，在凤翔待了几年，认识了人生中的几个好朋友。"胸有成竹""河东狮吼"这两个成语就跟苏轼在凤翔的生活有关。

- 1068年,33岁,续娶王弗堂妹王闰之
- 1070年,35岁,二子苏迨出生
- 1071年,36岁,出任杭州通判,次年三子苏过出生
- 1074年,39岁,出任密州知州

- 1067年—1085年 宋神宗(苏轼32岁-50岁)

　　1067年,20岁的宋神宗即位。这是一个年轻但有想法有抱负的皇帝。他要进行改革,因为他深深地感觉到这个国家出现问题了。什么问题呢?就是老百姓生活太苦了。因为当时宋朝的官员太多了,"工资"又非常非常高,再加上每年要向邻国西夏国和辽国赠送几十万两白银、几十万匹绢帛,来换取边境的暂时的和平,所以国家的负担很重。这个负担最终又加到谁身上呢?加到老百姓身上。老百姓辛辛苦苦劳作一年,结果赚的一点钱交税都不够,所以怨声载道。

　　要改革就要用人。宋神宗首先重用王安石。1070年,王安石被任命为宰相,主持改革,这就是历史上著名的"王安石变法"。改革光靠一个王安石怎么够啊?所以,宋神宗就把一些他认为有才华有能力的人调到中央,其中就包括苏轼。苏轼被调回中央担任了一个官职,叫判官诰院。这是个什么官呢?就是负责给官员颁发任职资格凭证的这么一个职位,苏轼调到中央做了这个官。

　　苏轼到了中央以后,发现形势比较复杂:以王安石为代表,主张改革,主张变法;以司马光为代表,反对改革,反对变法。苏轼呢,有自己的想法,他支持一部分改革方案,又反对一部分方案,成了"中间派",所以两边的人都对他有意见。宋神宗曾经有两次要提拔苏轼在朝廷担任非常重要的官职,王安石是宰相,坚决地拒绝。他跟宋神宗说苏轼这个人学问是有的,可是路子不正,皇上对这种人不必过分地在意,不用搭理他。这一来二去话说得多了,宋神宗对苏轼的印象就不太好了。皇帝尚且如此,那些革新派更是不遗余力地攻击苏轼。时间长了,苏轼觉得自己在这个是非之地再待下去麻烦就大了,主动提出要离开朝廷,想到地方上去,"我与其在这朝廷里头成天

勾心斗角、口舌大战，不如在地方上做点实实在在的，对老百姓有用的工作。"宋神宗说实在的是非常欣赏苏轼，但是欣赏没用啊，他不能为改革变法所用，只好批准他的请求。

于是，苏轼开始到地方上工作了，先是去了杭州，再去了山东密州，到了1079年，又被贬调去了湖州。

可是刚到湖州，苏轼就大难临头了。北宋有个机构叫"御史台"，这个"御史台"是审理犯人的地方，因官署内种了很多柏树，柏树上常有乌鸦栖息筑巢，所以称为"乌台"。这个苏轼啊，在地方上写了一些诗表达对王安石变法中一些措施的不满。苏轼在当时可是文坛领袖啊，他写的诗词在社会上还是很有影响力的。所以在宋神宗的默许下，苏轼被抓进乌台，一关就是四个月，每天被逼交代他写了哪些"反诗"。苏轼这四个月受尽了苦，后来由于多人说情，命总算保住了。

1080年2月，苏轼因"乌台诗案"贬谪黄州（今湖北黄冈）任团练副使，职位相当于今之县武装部副部长，无"签单权"，精神寂寞，穷愁潦倒。

后来又贬到了条件更艰苦的汝州、登州。

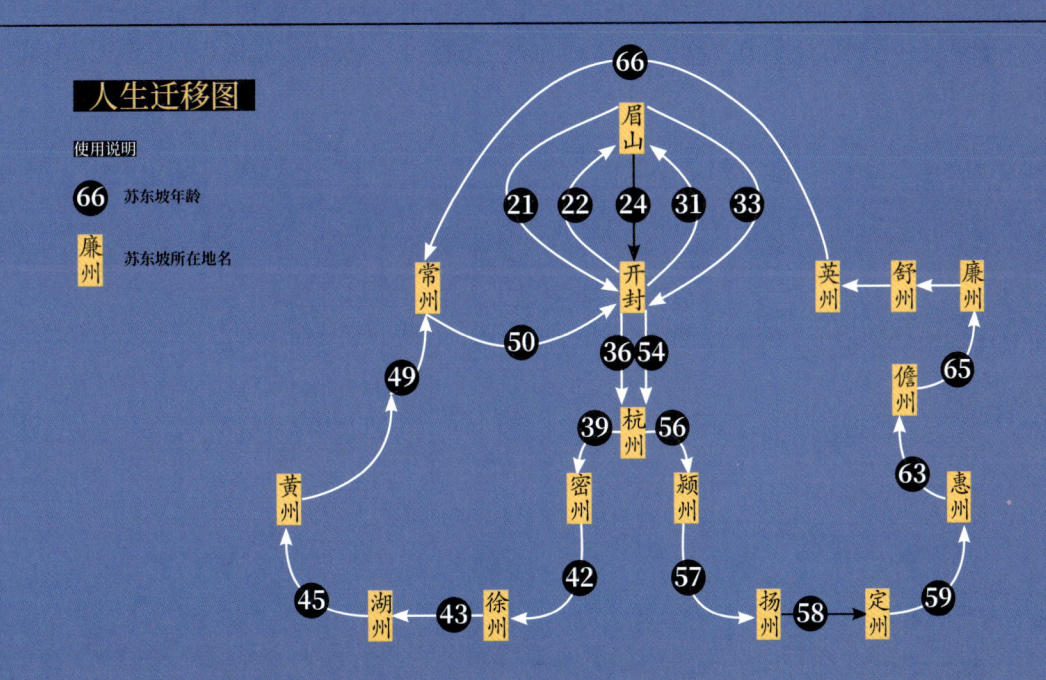

人生迁移图

使用说明

66 苏东坡年龄

廉州 苏东坡所在地名

- 1086 年，51 岁，进京任翰林学士
- 1089 年，54 岁，请求外任，7 月出任杭州知州
- 1091 年，56 岁，3 月被召入京，任翰林学士，8 月，出任颍州知州
- 1092 年，57 岁，改任扬州，8 月被召还任兵部尚书

- 1085 年—1092 年　宋哲宗——高太后垂帘听政（苏轼 50 岁—57 岁）

真是风水轮流转啊。1085 年，38 岁的神宗皇帝，因为积劳成疾驾崩了。这一年，苏轼 50 岁。

他驾崩了不要紧，他的儿子，也就是后来的宋哲宗，当时只有 9 岁。9 岁的孩子怎么能管理朝政呢？就由宋神宗的母亲高太后垂帘执政。这高太后是一个坚决地反对新法的人物，神宗去世没几天，她执政之后，就以母改子政的形式宣布废除新法。她在当时有一个最重大的举措，就是把已经退隐回家十五年之久的老臣，也是反对派的旧党的领袖人物司马光请出山来，让他担任宰相，主持大计。随着宋神宗的去世，哲宗皇帝的继位，高太后的执政，北宋的历史进入了一个新的阶段，历史上把这个阶段叫什么呢？叫元祐更化。元祐是宋哲宗的年号，更化是什么呢？说白了就是"重新开始"。司马光一上台就有两大举措：第一，贬黜与新法、新党有关的人物。第二，把过去的反对派的旧党人物纷纷召进朝中。苏轼就是在这样一个元祐更化的浪潮当中回到汴京的。

从 1085 年的 5 月到 1086 年的 9 月，在短短的十七个月的时间里头，苏轼从一个被贬到偏远地区的犯官一跃升到三品大员，距离宰相的位置只有一步之遥，这是苏轼这一辈子最辉煌的时刻。苏轼在这场争论中不但感觉到深深的疲倦，同时他也嗅到了一丝恐惧的气味。曾经遭受过囹圄之苦的苏轼，这时感觉到在朝中为官真是太难了，他再也不愿意在这场口水大战中重蹈覆辙，所以他连上四道奏章，请求离朝外任，离开这是非之地。

在宋哲宗元祐四年，也就是 1089 年，朝廷终于批准苏轼任浙西地区的行政长官兼杭州市的"市长"。

  1091 年 3 月，苏轼又被召回汴京任礼部尚书，后来又任翰林学士。仅仅 5 个月之后，又被人算计，苏轼出任颍州，然后去了扬州。

- **1093 年，58 岁，被贬定州**
- **1094 年，59 岁，被贬英州，再贬惠州**

● 1092 年—1100 年　宋哲宗（苏轼 57 岁—65 岁）

  1092 年 8 月，苏轼又被召回汴京，任兵部尚书。1093 年 9 月，高太后逝世。已经 17 岁的宋哲宗早就烦高太后了，所以高太后一死，宋哲宗开始贬谪放逐高太后重用的大臣，苏轼这一年被贬往定州。

  然后越贬越远，被贬到英州、惠州，最后乘船出海到儋州，真正到了"天涯海角"。

- **1098 年，63 岁，被贬儋州**
- **1100 年，65 岁，宋徽宗即位，被赦免**
- **1101 年，66 岁，病逝**

● 1100 年—1101 年　宋徽宗（苏轼 65 岁—66 岁）

  1100 年正月，宋哲宗驾崩，端王赵佶继位，即宋徽宗，朝廷按照惯例大赦天下。苏轼也得到了赦免，可以离开海南岛。第一年，他的生活还有些折腾。7 月，他先到廉州（今广西合浦）上任，9 月他又要赶到舒州（今安徽安庆）任团练副使。11 月，苏轼迎来更好的消息，他可以任意选择一个地方定居，这标志着他的流放生活彻底结束了。到哪里度过晚年呢？苏轼一时难以抉择。故乡四川眉州是上上之选，但他年迈体弱，怕不能承受蜀道之艰难；杭州也是心爱之地，但是离家人太远；颍昌（今河南许昌）也可以考虑，因为他的弟弟苏辙就在那里，但是颍昌离汴京太近了，知道政治凶险的苏轼希望远离是非之地。最终，苏轼选择了常州，常州风光宜人，那里又有苏轼的田产。可惜，到达常州后不久，苏轼中暑，引发多个病症，一病不起，于 1101 年 7 月 28 日去世，享年 66 岁。

088　杭州·密州·黄州

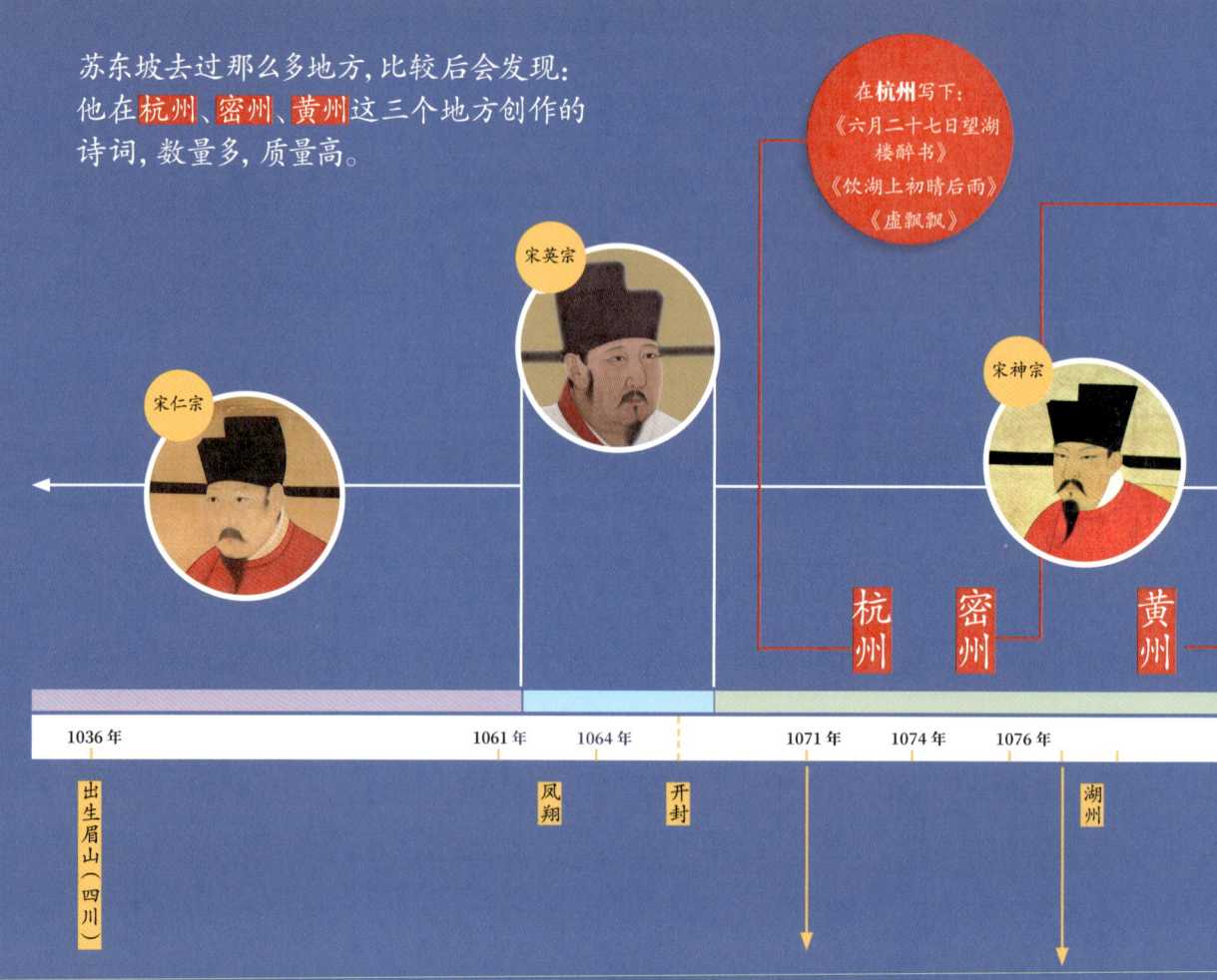

苏东坡去过那么多地方，比较后会发现：他在 杭州、密州、黄州 这三个地方创作的诗词，数量多，质量高。

在 杭州 写下：
《六月二十七日望湖楼醉书》
《饮湖上初晴后雨》
《虚飘飘》

宋仁宗　宋英宗　宋神宗

杭州　密州　黄州

1036年　1061年　1064年　1071年　1074年　1076年

出生眉山（四川）　凤翔　开封　　　　　　湖州

1071年到杭州任通判，开始了几乎贯穿一生的"地方官生活"

1079年因乌台诗案险些丧命，作为犯官不断被贬

子由	归来	使君	不见	故人
229	157	152	148	135
平生	人间	何处	无人	万里
130	123	122	119	109
东坡	何时	明月	归去	西湖
108	101	100	92	92
白发	青山	江南	草木	惟有
90	85	84	83	83

苏轼的诗词中为什么总是出现"子由""平生""西湖"呢？

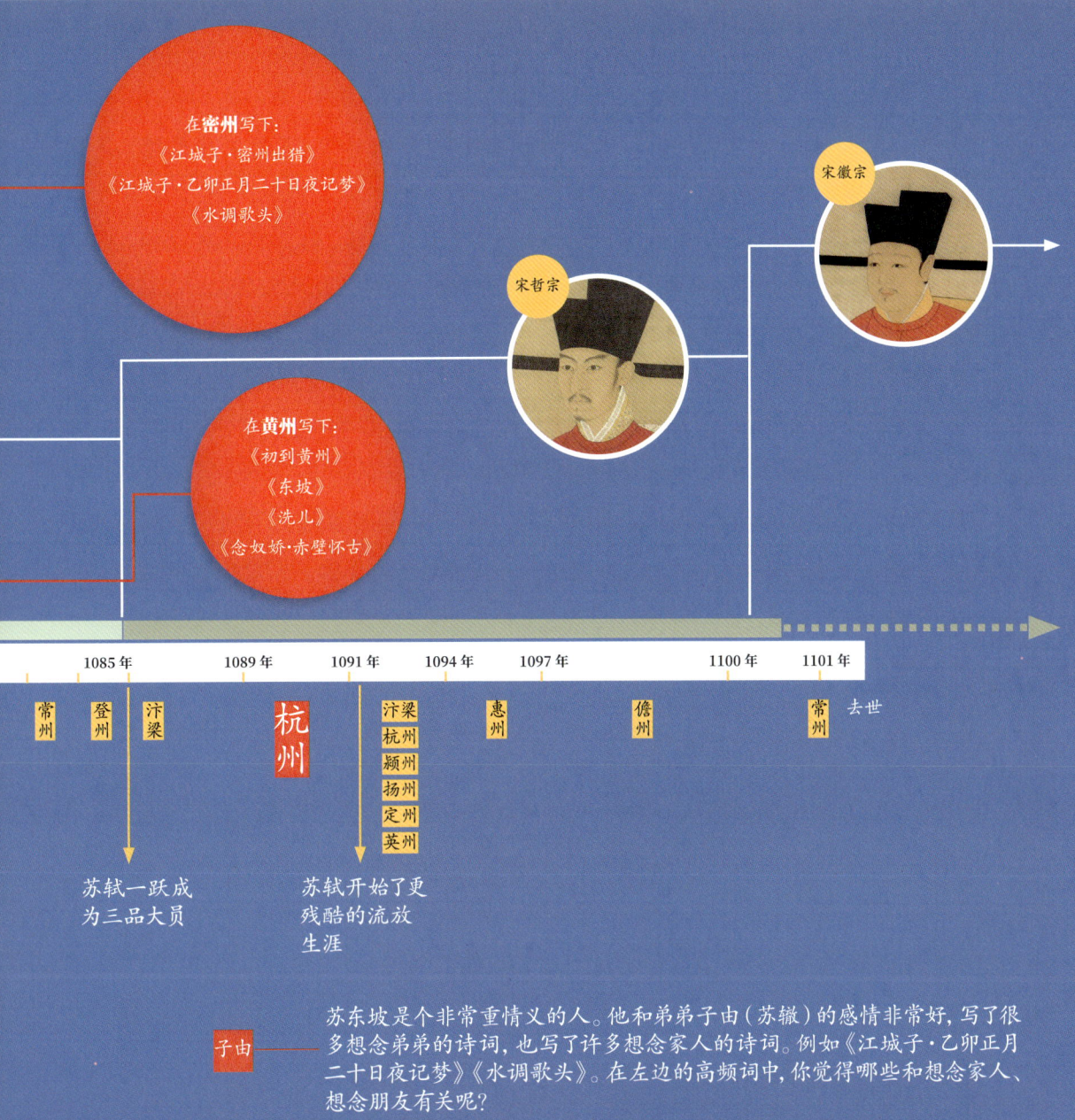

在**密州**写下：
《江城子·密州出猎》
《江城子·乙卯正月二十日夜记梦》
《水调歌头》

宋哲宗

宋徽宗

在**黄州**写下：
《初到黄州》
《东坡》
《洗儿》
《念奴娇·赤壁怀古》

| 1085年 | 1089年 | 1091年 | 1094年 | 1097年 | 1100年 | 1101年 |

常州　登州　汴梁　**杭州**　汴梁/杭州/颍州/扬州/定州/英州　惠州　儋州　常州　去世

苏轼一跃成为三品大员

苏轼开始了更残酷的流放生涯

子由 — 苏东坡是个非常重情义的人。他和弟弟子由（苏辙）的感情非常好，写了很多想念弟弟的诗词，也写了许多想念家人的诗词。例如《江城子·乙卯正月二十日夜记梦》《水调歌头》。在左边的高频词中，你觉得哪些和想念家人、想念朋友有关呢？

平生 — 苏东坡一生坎坷，后来喜欢写一些思考人生的诗词，例如《东坡》《洗儿》《念奴娇·赤壁怀古》。在左边的高频词中，你觉得哪些和思考人生有关呢？

西湖 — 苏东坡非常喜欢杭州，喜欢西湖的风景，留下了许多首歌咏杭州的诗词。例如《六月二十七日望湖楼醉书》《饮湖上初晴后雨》。在左边的高频词中，你觉得哪些和风景有关呢？

苏东坡一生曾两次到杭州出任地方官。

第一次到杭州的时间是1071年,任通判(知州的助理官),当时苏东坡36岁。他为什么会到杭州呢?因为当时宋神宗起用王安石,开始了历史上著名的变法运动。由于苏东坡反对王安石变法,于是遭到一些变法人士的诬告和陷害。苏东坡感到处境困难,想离开朝廷出任地方官,于是就来到了杭州。由此可见,苏轼第一次到杭州并不是属于"处分"的性质,经济比较宽裕,地方上的官员、文人都非常尊敬仰慕他。另外,第一次到杭州,因为他不是"一把手",不是主要长官,公务也不繁忙,只是协助太守做了一些修治水井、组织捕蝗、赈济灾民的工作。所以他在杭州的日子是比较舒心、自在的。

到了人间天堂,苏东坡的官署就在现在的凤凰山脚下,夹于西湖与钱塘江湾中间。空闲的时候,苏轼经常泛舟西湖,攀登孤山,畅游钱塘江,再加上心情不错,所以留下了许多脍炙人口的西湖诗词。

六月二十七日望湖楼醉书㊳

黑云翻墨未遮山,
白雨跳珠乱入船。
卷地风来忽吹散,
望湖楼下水如天。

1072年,37岁的苏轼在西湖边的望湖楼上喝酒。作者自己非常喜欢这首诗,他54岁时再到杭州,特意又写诗说:"还来一醉西湖雨,不见跳珠十五年。"

这首写于 1073 年正月的《饮湖上初晴后雨》是苏轼最有名的写景诗,也是描写西湖最传神的一首诗。诗中写道:晴天,西湖水波荡漾,在阳光照耀下,波光粼粼,美极了。下雨时,远处的山笼罩在烟雨之中,朦朦胧胧,非常漂亮。这西湖真像风华绝代的美女西施啊,无论怎么打扮都是那么美丽。因为苏轼把西湖比作西子的比喻新颖贴切,太深入人心了,从此,西湖就有了"西子湖"的别名。"欲把西湖比西子,淡妆浓抹总相宜"的诗句也成了千古绝唱。

1089 年,阔别杭州 15 年之后,苏东坡再次来到西子湖畔。

饮湖上初晴后雨(其二)

水光潋滟晴方好,
山色空蒙雨亦奇。
欲把西湖比西子,
淡妆浓抹总相宜。

第二次到杭州,他没有写出像《饮湖上初晴后雨》这样知名度高的诗,但是政绩卓著,为杭州老百姓做了很多好事。

例如抑制米价,帮助老百姓渡过灾荒。例如从官府中拨出三万两千钱,自己又捐出积蓄黄金五十两,在市中心众安桥附近建立了"安乐坊"——这是我国建立最早的公立医院。

当然,最为人津津乐道的是他疏浚西湖的事。

密州·子由

密州是哪里？密州就是现在的山东诸城。1074年，苏轼在杭州的任期快满了。

于是，苏轼请求调任北方。为什么？因为弟弟苏辙在齐州（今山东济南），他已经与弟弟三年没见面了，他希望去一个离弟弟近一些的地方。如他所愿，他被调任密州，密州也在山东。密州、齐州虽然相距不远，但过了两年多，两人仍然没机会见面。

1076年的中秋，苏轼高兴地在月下喝酒，一直喝到第二天早晨，喝到大醉。乘酒兴正酣，挥笔写下了这首名篇。可见，苏轼和弟弟的感情非常深厚。

▲苏辙

水调歌头㊵

丙辰中秋，欢饮达旦，大醉，作此篇，兼怀子由。

明月几时有？
把酒问青天。
不知天上宫阙，
今夕是何年。
我欲乘风归去，
又恐琼楼玉宇，
高处不胜寒。
起舞弄清影，
何似在人间。

转朱阁，低绮户，照无眠。
不应有恨，何事长向别时圆？
人有悲欢离合，
月有阴晴圆缺，
此事古难全。
但愿人长久，千里共婵娟。

▲王弗

密州是个荒僻的山城，生活贫瘠、单调，与富饶美丽的杭州有天壤之别。时间长了，苏轼陷入到对往事的回忆中。《江城子·乙卯正月二十日夜记梦》㊶就是苏轼在回忆亡妻王弗。他的第一位夫人叫王弗，跟他是同乡，都是眉山人。她比苏轼小三岁，结婚的时候苏轼19岁，她16岁。刚开始，苏轼不大看得起这个妻子，觉得她没什么文化，后来才发现这是一个特别聪敏、特别智慧、特别精明的女性。例如苏轼在读书、温习功课的时候，她在旁边，静静地做针线活儿，也不吭声。苏轼虽然聪明，可是有时候背书背着背着也有卡壳儿的时候啊。哎，有那么几次一卡壳想不起来了，她在旁边，悄悄抿嘴一笑，轻轻地给他提个词儿，提完词儿之后，就接着做她的针线活儿。她还特别会为人处世，所以到后来，家里的事苏轼基本都交给妻子王弗处理。王弗陪伴苏轼熬过了寒窗苦读的寂寞，也和苏轼一起经历了春风得意、金榜题名的风光，他们同甘共苦、相濡以沫……然而，人生无常、世事难料，由于身体抱病，王弗27岁的时候病逝于京城开封，那时苏轼30岁。现在苏轼40岁了，苏轼在《江城子·密州出猎》㊷里都自称老夫了。妻子的坟墓在千里之外，可是苏轼对妻子王弗的思念却与日俱增。他在梦里又看到妻子梳妆的情景，梦里相见，两人竟都不知道该说什么，只有默默相偎，珠泪涟涟，真正是"泪千行"啊！

江城子·乙卯正月二十日夜记梦

十年生死两茫茫，
不思量，自难忘。
千里孤坟，无处话凄凉。
纵使相逢应不识，
尘满面，鬓如霜。

夜来幽梦忽还乡，
小轩窗，正梳妆。
相顾无言，唯有泪千行。
料得年年肠断处，
明月夜，短松冈。

初到黄州 ㊸

自笑平生为口忙,
老来事业转荒唐。
长江绕郭知鱼美,
好竹连山觉笋香。
逐客不妨员外置,
诗人例作水曹郎。
只惭无补丝毫事,
尚费官家压酒囊。

密州三年的任期很快就满了,按照朝廷规矩三年任期一满就得调任,他先后又在徐州、湖州担任知州。1079年,44岁的苏轼将要调任湖州知州,当他带着老婆孩子去湖州的时候,他做梦都不会想到一个巨大的噩梦也将伴随着他到达湖州。苏轼遭遇了人生中的一大劫难——"乌台诗案",差点把命丢了。(请结合"苏轼年表"阅读)

命最终是保住了,但苏轼因此丢官降职,被贬到湖北黄州。

初到黄州,苏轼就写了这么一首诗。苏轼当时45岁,这个年龄在古代已算不小了。他回想自己一直官卑职微,只做过杭州通判,密州、徐州、湖州三州知州,到湖州仅两月就被抓了起来,差点丢了命,"荒唐"二字是对过去的自嘲与否定。但是诗人又马上想到黄州这个地方三面被长江环

洗儿

人皆养子望聪明,
我被聪明误一生。
唯愿孩儿愚且鲁,
无灾无难到公卿。

在黄州期间,苏东坡也遇到了一点喜事,他老来得子,侍妾朝云为他生下一个男孩儿。古代有"洗儿"风俗,就是婴儿出生三天或满月,亲朋集会庆贺,给婴儿洗身。苏轼当年得子,"洗儿"之外,赋《洗儿》诗一首。这首诗语言浅白易懂,虽然仅28个字,情感却跌宕起伏,表面上是为孩儿写诗,实际上是在感慨自己坎坷一生。哪个父母不愿意自己孩子聪明,可是如果能"无灾无难",苏轼宁愿孩子"愚且鲁"。

绕,山上竹子又多,有鲜美的鱼、喷香的竹笋可以吃,又高兴起来。经历这么大的劫难,还能这么乐观,估计也只有苏轼了。苏轼想到自己是个贬谪的人,到了黄州是个"犯官",不能做什么事了,最多做做"水曹郎"。但是苏轼不以为然,也觉得挺好的,最后再次自我调侃,觉得自己没能为国家出力办事,而又要白白花费国家的钱银,实在是惭愧。

1082年，苏轼已经来到黄州两年，生活上的难题已经解决，他自己开荒，自己造房子，安置家人，还老来得子。于是，他开始频繁和朋友聚会、游览。1082年5月、7月和10月，苏轼与友人一起先后三次游览黄州附近的赤壁，写下了千古名篇《念奴娇·赤壁怀古》《赤壁赋》《后赤壁赋》。什么叫作震撼古今的伟大绝唱？就是这一首词写完之后，从古代一直能唱到今天，唱到今天人的心里面。一千年前发出的一个声音，到现在还能敲打着你的胸膛，震撼你的心灵。《念奴娇·赤壁怀古》就是千古绝唱。苏轼这一年47岁，不但功业未成，反而被人陷害，戴罪黄州，与30岁就功成名就的周瑜相比，不禁深感自愧。

对于这首词，你还是结合苏东坡的一生细细去品味吧。

念奴娇·赤壁怀古㊹

大江东去,浪淘尽,千古风流人物。
故垒西边,人道是,三国周郎赤壁。
乱石穿空,惊涛拍岸,卷起千堆雪。
江山如画,一时多少豪杰。

遥想公瑾当年,小乔初嫁了,雄姿英发。
羽扇纶巾,谈笑间,樯橹灰飞烟灭。
故国神游,多情应笑我,早生华发。
人生如梦,一尊还酹江月。

我们作一个大胆的假设，假如苏轼生活在今天，生活在信息传递异常发达的今天，估计各类媒体上经常会有苏东坡的新闻。

NEWS 苏轼的方方面面

NEWS 新闻说
一会儿有新闻说把"东坡肉""东坡羹"作为招牌菜的"东坡"主题餐厅在全国已有500家连锁店。

NEWS 新闻说
一会儿有新闻说年轻的苏轼被提名参评诺贝尔文学奖。

NEWS 新闻说
一会儿有新闻说苏轼的某件书画作品被嘉士德拍卖行拍出天价。

NEWS 新闻说
一会儿有新闻说几乎所有歌星都希望苏轼为他们写词作曲。

NEWS 新闻说
一会儿有新闻说苏轼将自己研发的几十个药方无偿献给国家，某一疾病的治疗将取得突破性进展。

NEWS 新闻说
一会儿有新闻说苏轼已取得50个国家级科学发明专利，有一些已投入生产。

绝不错过风景

◆ 卷地风来忽吹散,望湖楼下水如天。㊳

◆ 水光潋滟晴方好,山色空蒙雨亦奇。㊴

教人如何不想念

◆ 人有悲欢离合,月有阴晴圆缺,此事古难全。但愿人长久,千里共婵娟。㊵

◆ 十年生死两茫茫,不思量,自难忘。㊶

无可救药的乐天派

◆ 竹杖芒鞋轻胜马,谁怕?一蓑烟雨任平生。㊺

有时婉约,有时豪放

◆ 大江东去,浪淘尽,千古风流人物。㊹

◆ 花褪残红青杏小。燕子飞时,绿水人家绕。㊽

绝不错过美食

◆ 长江绕郭知鱼美,好竹连山觉笋香。㊻

◆ 蒌蒿满地芦芽短,正是河豚欲上时。㊼

◆ 日啖荔枝三百颗,不辞长作岭南人。㊾

天生是个哲学家

◆ 人生到处知何似,应似飞鸿踏雪泥。㊾

◆ 不识庐山真面目,只缘身在此山中。㊿

102 比较阅读苏轼"豪放词"和"婉约词",说说它们的不同之处

《江城子·密州出猎》㊷:老夫聊发少年狂。

《念奴娇·赤壁怀古》㊹:大江东去,浪淘尽,千古风流人物。

豪放词

押的韵不一样

狂　黄　冈　张　霜　唐

雪　杰　月

写的内容不太一样

记叙狩猎,希望杀敌报国,建功立业

遥想历史人物,感叹自己身世沉浮

《卜算子·黄州定慧院寓居作》[51]：缺月挂疏桐，漏断人初静。

《蝶恋花·春景》[48]：花褪残红青杏小。燕子飞时，绿水人家绕。

押的韵不一样

婉约词

静　　影　　省

小　　绕　　少　　悄　　恼

写的内容不太一样

咏物，写天上的"孤鸿"，写内心的寂寞

伤春，叹息春天的流逝，感怀身世

Chapter
05

Chapter 05

■ 诗词中的孩子，大都生活在乡村。他们没有网络、电视，不知道大洲大洋，多数生活在故乡的小天地里……
在古代，没有芭比娃娃，没有变形金刚，没有电脑，没有篮球，没有游乐场……
小朋友们都是玩什么游戏长大的呢？
你放心，古代的孩子玩得可开心了，他们的玩具根本不用花钱，就地取材，随便摘朵花、拔根草、敲块冰就可以玩上半天，玩出很多花样。

古代的孩子很会玩

诗句	游戏	分类
蓬头稚子<u>学垂纶</u>，侧坐莓苔草映身。路人借问遥招手，怕得鱼惊不应人。（唐·胡令能《小儿垂钓》）㉒	钓鱼	和"小动物"有关的游戏
篱落疏疏一径深，树头花落未成阴。儿童急走<u>追黄蝶</u>，飞入菜花无处寻。（宋·杨万里《宿新市徐公店》）㉓	捕蝶	
萧萧梧叶送寒声，江上秋风动客情。知有儿童<u>挑促织</u>，夜深篱落一灯明。（宋·叶绍翁《夜书所见》）㉔	捉蟋蟀	
牧童骑黄牛，歌声振林樾。意欲<u>捕鸣蝉</u>，忽然闭口立。（清·袁枚《所见》）㉕	抓知了	
茅檐低小，溪上青青草。醉里吴音相媚好，白发谁家翁媪？　大儿锄豆溪东，中儿正织鸡笼。最喜小儿亡赖，溪头卧<u>剥莲蓬</u>。（宋·辛弃疾《清平乐·村居》）㉖	剥莲蓬	和"植物"有关的游戏
小娃撑小艇，偷<u>采白莲</u>回。不解藏踪迹，浮萍一道开。（唐·白居易《池上》）㉗	采荷花	
社下烧钱鼓似雷，日斜扶得醉翁回。青枝满地花狼藉，知是儿孙<u>斗草</u>来。（宋·范成大《春日田园杂兴·其五》）㉘	斗草	
昼出耘田夜绩麻，村庄儿女各当家。童孙未解供耕织，也傍桑阴<u>学种瓜</u>。（宋·范成大《夏日田园杂兴·其七》）㉙	学"干农活"	过家家
幼女才六岁，未知巧与拙。向夜在堂前，<u>学人拜新月</u>。（唐·施肩吾《幼女词》）	学"拜堂结婚"	

蝴蝶喜欢吸食花蜜，所以有"蝶恋花"的说法。古人认为"蝶恋花"的景象寓意着美好的春光和安详的生活。

蝴蝶喜欢群飞，经常出双入对，是爱情的象征。《梁山伯与祝英台》里，男女主人公最后化成蝴蝶，比翼双飞。

蝉，俗称知了。

蝉经常在诗词中出现。

蝉栖息于枝头，只饮植物的汁液，不食人间烟火。所以诗人经常把自己比作蝉，表明自己品行高洁。

蝉叫声凄惨，诗人也经常借蝉表达凄凉哀伤的感情。有兴趣，你可以找找这样的诗句。

蟋蟀的鸣叫声很像又快又急的织机声，所以蟋蟀又叫促织。

斗蟋蟀起源于唐代，后来变成一个博彩游戏。明朝一个皇帝因为爱好斗蟋蟀，被称为"蟋蟀天子"，他对斗蛐蛐的喜爱导致在当时一只好的蟋蟀价格被炒到数十金。

"老底子"游戏

前面这些诗词，记录了"最简单"的游戏。对于游戏，孩子历来都有钻研精神，他们会不断"设计"，不断"开发"，最后慢慢定型。下面这些游戏，就是经典的"老底子"游戏，可惜这些游戏，现在也很少有人玩了。

打陀螺

画一个直径为3米的圆，每局3分钟，每局按10分计算。陀螺必须在3米区域内，每打出圈外1次则罚1分，打出后须立即打回圈内，不打回者取消成绩。陀螺中途停了或分数扣光为零分时，不再继续比赛。

掼春子

缝一个小米袋，拣5粒石子，或者用家里的麻将牌。麻将牌随机撒在桌上，将米袋上抛，接袋子的瞬间把麻将牌翻面，翻好后米袋再次上抛，最后快速将麻将抓在手中并接住米袋。用时3分钟，成功次数多者为胜。

跳人马

4人一组，1人跳，另3人弯腰，双手撑住膝盖作鞍马形态，鞍马间隔5米。发出口令后，跳马人双手按背，跨越过3个鞍马后，立即做鞍马状态，多组加入速度最快者为胜。

滚铁箍

全程20米,每2米放一个立柱。比赛者走"S"形滚铁环前进。途中铁环倒地则在原地重新开始。速度最快的人为胜。

钻长凳

以前村里大多用八仙桌,长凳特别多,休闲时间就是很好的道具。准备三张长凳,就可以玩了,这个项目多人参加,比的是速度和灵巧性。如长凳倒地或未钻成,成绩无效。

踢房子

地上画10个方格(房子),把一块碎瓦片扔在第一个方格(房间)里,用单腿踢碎瓦片,一格一格地踢到最后一"间"。全程单腿,不能踩线,碎瓦片也不能压线。

玩具可以很简单

对于古代的孩子来说，田野山外，什么都可以玩，就连一根不起眼的小草，也能玩出很多花样来。

这首诗里提到一种游戏叫"斗草"。"斗草"是怎么玩的？为什么玩了之后，地上有零零散散的枝条、花朵，一片狼藉？"斗草"一般是比赛草的韧性。方法是找来韧性比较强的草柄，两人各取一根，使之十字交叉，各拿草柄两端，用力拉向怀中，以拉断对方为胜。江南春早，立春草长，儿童互相用草角力，坚韧者胜，折断者败。范成大这两句诗就生动地描绘了天真烂漫的小儿们酣战百草的情景。

上面这种玩法，男孩子比较喜欢，是"武斗"。女孩子更喜欢"文斗"，"文斗"就是一声令下，大家各自去采摘花草，谁采的花草种类多谁就赢了。

还有一种"文斗"，没点植物知识和文学修养是玩不了的。女孩们先采来百草，再以对仗的形式互报草名，谁采的草种多，对仗的水平高，坚持到最后，谁便赢。

一根草就能玩

春日田园杂兴（其五）
（宋）范成大

社下烧钱鼓似雷，
日斜扶得醉翁回。
青枝满地花狼藉，
知是儿孙斗草来。

孩子游戏的创意总是层出不穷。你看，"冰"也可以成为玩具。清晨，儿童将铜盆里冻的冰剜下来，用丝线穿起当铮，相当于锣吧。敲的响声穿过树林，突然听见一声清脆的玻璃落地的响声，原来是孩子们把它敲碎了。

关于"冰"，其实有很多玩法，北方的孩子发明了一种"吃冰凌"的玩法。在河心的冰面上，敲开一个小洞，透过小洞就能看到冰下流动的河水。先将竹竿的杈枝放进小洞沾上河水，再将竹枝拿出来在雪地上滚一下，竹枝就冻成了冰凌。反复几次，细细的竹枝就变成粗粗的冰凌枝了。用手举着，边吃边玩，就像三伏天吃冰棍一样。

一块冰就能玩

稚子弄冰
（宋）杨万里

稚子金盆脱晓冰，
彩丝穿取当银铮。
敲成玉磬穿林响，
忽作玻璃碎地声。

一朵花就能玩

一把伞就能玩

舟过安仁 [62]
（宋）杨万里

一叶渔船两小童，
收篙停棹坐船中。
怪生无雨都张伞，
不是遮头是使风。

闲居初夏午睡起（其一） [61]
（宋）杨万里

梅子留酸软齿牙，
芭蕉分绿与窗纱。
日长睡起无情思，
闲看儿童捉柳花。

根本没有雨，两个孩子为什么要拿把伞出去，而且把它打开？还不是玩吗？他们是把伞当作船帆了，风一来，一使劲，不用划桨，不用摇橹，不用撑篙，船就往前走了。

这俩"熊孩子"还真够淘气的。不过，你不觉得他们的快乐一点不比玩电脑游戏少吗？

柳花，当然是柳树的花啦，鹅黄色，像棉絮一样，清风徐来，柳花就飘啊飘啊。

孩子们就是要把柳花捉到手里。风小了些，柳花不急不慢落下，一伸手马上就能捉到。一个孩子刚要把手掌合拢，又来了一阵风，柳花倏地往上跳了一下，还是没有抓到。

还有的孩子，拼命地朝柳花吹，跳着吹，跑着吹，就是不让它落下来，就是让它越飞越高，也不嫌累。

长干行（其一） [63]
（唐）李白

妾发初覆额，
折花门前剧。
郎骑竹马来，
绕床弄青梅。
同居长干里，
两小无嫌猜。

一根竹子就能玩

现在很多小朋友会把扫帚夹在胯下作飞翔状，明显就是模仿哈利·波特。其实，这样的玩法，在中国早就有了，还有一个特别的名字叫"竹马"。玩"竹马"很简单，就是将竹、木或者笤帚，夹在胯下当马骑。很多孩子玩得很投入，口中喊"驾，驾"，学马儿奔跑的样子跳跃前行，像模像样的。这首诗记录了一个男孩一个女孩一起做游戏的情景。女孩还小，头发刚刚盖过额头，在门前折花玩，男孩就骑着"竹马"跑来，两人在院子里追闹。

114 古代孩子不用读书？

前面的诗词都是在写孩子们在游戏，在劳动。有的人可能就要问了：

古代的孩子不用读书吗？

古代的孩子当然也要读书。大户人家往往请先生在家里教，有点像现在的"家教"。中等殷实人家的孩子就在乡里的私塾读书。在古代，也有人会办义学，就是有人会义务教孩子念书。穷人家的孩子可以去义学上学，但是很多贫寒子弟会选择去寺庙、当铺等地方做学徒，或者就在家里帮大人干农活。而且，古代对孩子的入学年龄也没有严格的限制。大部分孩子是8岁上学，但是，即使你超过15岁，你依然可以去上"小学"。古代20岁上小学的也很多见，甚至还有30岁上小学的例子。

那么，古代孩子读书是不是远远比现在轻松呢？他们学些什么东西？上学时间是怎样的？

古代小学教育内容主要是识字、写字、习经史、学六艺，《急就章》《千字文》都曾是小学课本。下面这些诗句是从一些较为生僻的诗词里边摘录的，你不必去背，但从中可以看出一些眉目：

"孝经论语教儿童"（《农事稍闲有作》）

"朴学教儿童"（《农家》）

"年丰村舍好，稚子学诗书"（《出城》）

"卧听儿童读汉书"（《书斋夜坐》）

另外，古代的孩子读书时间也不短。

有的学校规定每天5-7点到校，17-19点回家。每年正月十五开学，一直上到腊月初十才结束。休假时间只有每年年末，不到一个月的时间。有的学校则规定每天7-9点入学，15-17点回家，每个月放假3天，其他时间不得擅自离校。有的学校则是每日日出上学，日落放学，9-11点吃午饭，每年端午初四、初五，中秋十四、十五，清明，七月半，十月朔各放假一天，平时概不放假。

比起现在动辄3个月的假期，同学们还是知足吧。

这样看来，古代的孩子读书并不轻松。你要让8岁多的孩子天天坐在教室里读那些难懂的枯燥的"经史"，有时对孩子真是一种折磨。只要是孩子都是喜欢玩的，孩子的天地在课堂之外，只有放学了，他们才真正自由。

村居 ⑥
（清）高鼎

草长莺飞二月天，
拂堤杨柳醉春烟。
儿童散学归来早，
忙趁东风放纸鸢。

你们看看孩子"散学"以后是多么高兴，趁着天还没黑下来，他们心急火燎地要去放风筝了。放风筝是中国的孩子非常喜欢的活动。放风筝要说难，也并不难。用几根细竹条或高粱秸，扎成四边形或三角形，糊上薄纸，系上飘带，再用一根长长的细线拴着，呼啦一下就能放上天。孩子们在下面拽着，风筝使着劲地往上蹿，飘带在风筝下摆啊摆，好看好玩。但是，放风筝讲究起来也很讲究。有的人把风筝做成各种形状，好看得很。有一首民歌反映了人们在放风筝时的创造力：

三月寒食日清明，姐妹十人去踏青，捎带放风筝。

大姐放了一个小张生，二姐放了一个崔莺莺，二人把亲成。

三姐放了一个杨宗保，四姐放了一个穆桂英，二人把枪拧。

五姐放了一个梁山伯，六姐放了一个祝英台，二人下山来。

七姐放了一个牵牛郎，八姐放了一个织女星，二人下天宫。

九姐放了一个是唐僧，十姐放了一个孙悟空，师徒去取经。

姐妹风筝已放完，欢欢喜喜回家转，大地好风光。

你可能要问了，古代的孩子难道成天在玩吗？不用做其他事吗？

夏日田园杂兴（其七）

（宋）范成大

昼出耘田夜绩麻，村庄儿女各当家。童孙未解供耕织，也傍桑阴学种瓜。

清平乐·村居

（宋）辛弃疾

茅檐低小，溪上青青草。醉里吴音相媚好，白发谁家翁媪？

大儿锄豆溪东，中儿正织鸡笼。最喜小儿亡赖，溪头卧剥莲蓬。

怎么可能呢？古代的孩子，小小年纪就要帮家里做事，为大人分担家务。做些什么事呢？帮大人做饭、洗衣，甚至下地干活，总之，做一些力所能及的事。

上面两首诗词里的孩子，都比较勤劳。你看一户人家有三个儿子，老大在锄地，老二织鸡笼，小儿子也在帮爸爸妈妈剥莲蓬，没一个闲着。《四时田园杂兴》里的孩子则在学种瓜，虽然是游戏，并不是正式劳动，但从中也可以看出一些端倪。

不过，古代的孩子，做得最多的事还是放牛、放羊。放牛是怎样的一件事呢？我们来看看下面这首儿歌：

牛儿吃青草，

牛儿吃干草，

牛儿喝水喝个饱，

牛儿到处跑，

牛儿贪吃干活少，

牛儿要用鞭子敲。

看来，放牛，就是把牛带到一个地方，给它吃草、喝水，同时要防着它乱跑，傍晚，还要把它带回家。和牛相处久了，有的孩子就开始为牛编童谣。下面这个童谣看起来都是废话，没什么意义，但在孩子们中间很流行。

山上有头老母牛。
四只大脚像铁球，
脚上四个脚指头。
尾巴生在屁股后，
脑袋长在最前头。

诗歌是反映生活的。现实生活中，放牛娃随处可见，诗词里也就经常出现牧童了。下面的诗从唐代一直延续到清代，看来，这放牛，在中国一直放了成百上千年。

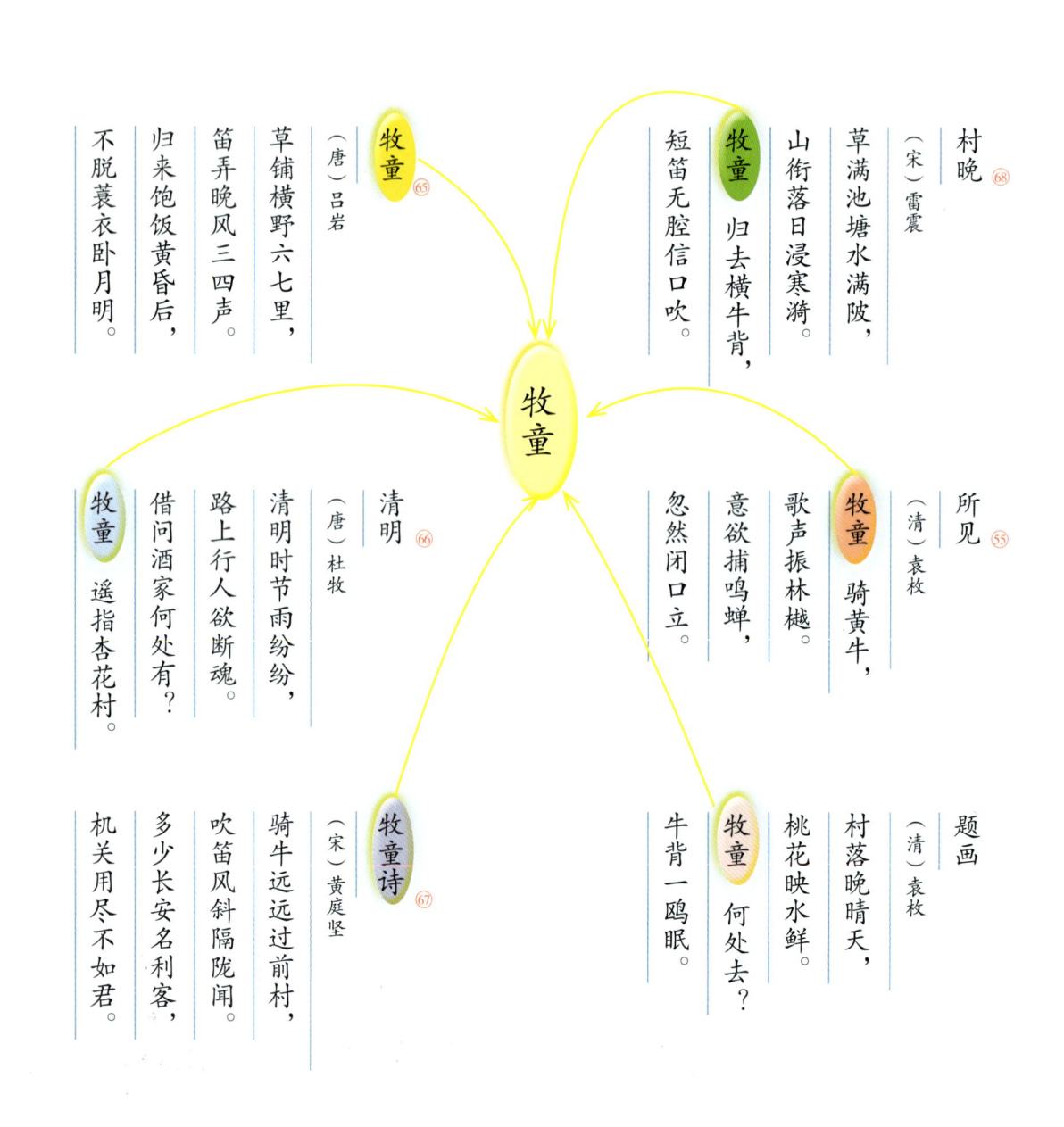

村晚
（宋）雷震

草满池塘水满陂，
山衔落日浸寒漪。
牧童归去横牛背，
短笛无腔信口吹。

牧童
（唐）吕岩

草铺横野六七里，
笛弄晚风三四声。
归来饱饭黄昏后，
不脱蓑衣卧月明。

清明
（唐）杜牧

清明时节雨纷纷，
路上行人欲断魂。
借问酒家何处有？
牧童遥指杏花村。

牧童诗
（宋）黄庭坚

骑牛远远过前村，
吹笛风斜隔陇闻。
多少长安名利客，
机关用尽不如君。

所见
（清）袁枚

牧童骑黄牛，
歌声振林樾。
意欲捕鸣蝉，
忽然闭口立。

题画
（清）袁枚

村落晚晴天，
桃花映水鲜。
牧童何处去？
牛背一鸥眠。

🔘 牧童　🔘 牧童　🔘 牧童　🔘 牧童　🔘 牧童　🔘 牧童

这是一个辛劳的牧童。宽阔的田野，悠扬的笛声，辛劳的牧童放牧归来，吃过了饭，连蓑衣都来不及脱，就倒在地上呼呼大睡。只有那皎洁的月光，静静地洒在他的身上。

这是一个热心的牧童，像个小雷锋。"欲断魂"的路人刚一提问，他就热情相答，并且用手指明"杏花村"的方向。

这是一个清闲的牧童。他骑着牛安然地走着，把短笛横吹着，笛声随风飘扬。他的生活比那些天天在长安求取功名的人自在多了。

这也是一个悠闲的牧童。一个长满青草的池塘里，池水满满的，落日好像被山吃掉一样，倒映在水中。放牛的孩子横坐在牛背上，随意地用短笛吹奏着不成调的乐曲。

这真是一个机灵的牧童。一个夏日的午后，袁枚去拜访朋友，忽然远处传来一阵欢快嘹亮的歌声。定睛一看，原来是一个骑着黄牛的牧童在高声唱着《放牛歌》。袁枚正听得如痴如醉，突然歌声戛然而止。原来牧童发现了树上的知了，并熟练地爬上牛背，踮起脚尖，小手伸向一旁粗壮的树干，想逮住那只知了呢！

这是一个淘气的牧童。农村傍晚的天气很好，桃花映在水里，显得更加鲜艳。也不知道牧童到哪里去了，只见一只小鸟在牛背上香甜地睡着。

附录

附录

李白的远游

① 峨眉山月歌
（唐）李白

峨眉山月半轮秋，影入平羌江水流。
夜发清溪向三峡，思君不见下渝州。

【注释】▲半轮秋：半圆的秋月，即上弦月或下弦月。▲平羌：即青衣江，在峨眉山东北。▲下：顺流而下。

② 渡荆门送别
（唐）李白

渡远荆门外，来从楚国游。
山随平野尽，江入大荒流。
月下飞天镜，云生结海楼。
仍怜故乡水，万里送行舟。

【注释】▲平野：平坦广阔的原野。▲海楼：海市蜃楼，这里形容江上云霞的美丽景象。

③ 望庐山瀑布
（唐）李白

日照香炉生紫烟，遥看瀑布挂前川。
飞流直下三千尺，疑是银河落九天。

【注释】▲香炉：指庐山的香炉峰。▲紫烟：指日光透过云雾，远望如紫色的烟云。▲银河：古人指银河系构成的带状星群。

④ 望天门山

（唐）李白

天门中断楚江开，碧水东流至此回。
两岸青山相对出，孤帆一片日边来。

【注释】▲中断：江水从中间隔断两山。▲至此：意为东流的江水在这转向北流。▲日边来：指孤舟从天水相接处的远方驶来，远远望去，仿佛来自日边。

⑤ 静夜思

（唐）李白

床前明月光，疑是地上霜。
举头望明月，低头思故乡。

【注释】▲疑：好像。▲举头：抬头。

⑥ 黄鹤楼送孟浩然之广陵

（唐）李白

故人西辞黄鹤楼，烟花三月下扬州。
孤帆远影碧空尽，唯见长江天际流。

【注释】▲之：往，去。▲西辞：黄鹤楼在广陵的西面，在黄鹤楼辞别去广陵，所以说"西辞"。▲烟花：指柳如烟、花似锦的明媚春光。▲唯见：只能见到。

⑦ 春晓

（唐）孟浩然

春眠不觉晓，处处闻啼鸟。
夜来风雨声，花落知多少。

【注释】▲晓：早晨，天刚亮的时候。▲闻：听见。

⑧ 清平调（其一）

（唐）李白

云想衣裳花想容，春风拂槛露华浓。
若非群玉山头见，会向瑶台月下逢。

【注释】 ▲清平调：一种歌的曲调。▲槛：栏杆。▲露华浓：牡丹花沾着晶莹的露珠更显得颜色艳丽。▲若非……会向……：相当于"不是……就是……"的意思。▲群玉：山名，传说中西王母所住之地。

⑨ 月下独酌（其一）

（唐）李白

花间一壶酒，独酌无相亲。
举杯邀明月，对影成三人。
月既不解饮，影徒随我身。
暂伴月将影，行乐须及春。
我歌月徘徊，我舞影零乱。
醒时同交欢，醉后各分散。
永结无情游，相期邈云汉。

【注释】 ▲独酌：一个人饮酒。▲无相亲：没有亲近的人。▲既：已经。▲徒：徒然，白白地。▲将：和，共。▲月徘徊：明月随人来回移动。▲影零乱：因起舞而身影纷乱。▲同交欢：一起欢乐。▲无情游：月、影没有知觉，不懂感情，李白与之结交，故称"无情游"。▲期：约会。▲邈：遥远。▲云汉：银河。这里指仙境。

⑩ 行路难（其一）

（唐）李白

金樽清酒斗十千，玉盘珍羞直万钱。
停杯投箸不能食，拔剑四顾心茫然。
欲渡黄河冰塞川，将登太行雪满山。
闲来垂钓碧溪上，忽复乘舟梦日边。

【注释】 ▲金樽：古代盛酒的器具，以金为饰。▲斗十千：一斗酒值十千钱（即万钱），形容酒美价高。▲珍羞：珍贵的菜肴。羞，同"馐"，美味的食物。▲直：同"值"，价值。▲投箸：丢下筷子。箸，筷子。▲太行：太行山。▲忽复：忽然又。

行路难！行路难！多歧路，今安在？
长风破浪会有时，直挂云帆济沧海。

▲安：哪里。▲会：应当。云帆：高高的船帆。船在海里航行，因天水相连，船帆好像出没在云雾之中。▲济：渡过。

⑪ 登金陵凤凰台

（唐）李白

凤凰台上凤凰游，凤去台空江自流。
吴宫花草埋幽径，晋代衣冠成古丘。
三山半落青天外，二水中分白鹭洲。
总为浮云能蔽日，长安不见使人愁。

【注释】▲凤凰台：在金陵凤凰山上。▲三山：山名。▲二水：一作"一水"。指长江被其间的白鹭洲分为二支。▲白鹭洲：古代长江中的沙洲，洲上多集白鹭，故名。今已与陆地相连，位于今南京市江东门外。▲浮云蔽日：比喻谗臣当道，障蔽贤良。

⑫ 将进酒

（唐）李白

君不见黄河之水天上来，
奔流到海不复回。
君不见高堂明镜悲白发，
朝如青丝暮成雪。
人生得意须尽欢，莫使金樽空对月。
天生我材必有用，千金散尽还复来。
烹羊宰牛且为乐，会须一饮三百杯。
岑夫子，丹丘生，将进酒，杯莫停。
与君歌一曲，请君为我倾耳听。

【注释】▲将：请。▲高堂：房屋的正室厅堂。一说指父母。一作"床头"。▲会须：正应当。

钟鼓馔玉不足贵，但愿长醉不复醒。
古来圣贤皆寂寞，惟有饮者留其名。
陈王昔时宴平乐，斗酒十千恣欢谑。
主人何为言少钱，径须沽取对君酌。
五花马，千金裘，呼儿将出换美酒，
与尔同销万古愁。

▲钟鼓：富贵人家宴会中奏乐使用的乐器。▲馔玉：形容食物如玉一样精美。▲陈王：指陈思王曹植。▲恣：纵情任意。▲径须：干脆，只管。▲五花马：指名贵的马。一说毛色作五色花纹，一说颈上长毛修剪成五瓣。▲尔：你。▲销：同"消"。

⑬ 秋浦歌（其十五）

（唐）李白

白发三千丈，缘愁似个长。
不知明镜里，何处得秋霜。

【注释】▲秋浦：今安徽贵池县西南一浦。▲缘愁：因为愁。▲似：像。▲个：这样。▲秋霜：指白发，形容头发像秋天的霜一样白。

⑭ 宣州谢朓楼饯别校书叔云

（唐）李白

弃我去者，昨日之日不可留。
乱我心者，今日之日多烦忧。
长风万里送秋雁，对此可以酣高楼。
蓬莱文章建安骨，中间小谢又清发。
俱怀逸兴壮思飞，欲上青天览明月。
抽刀断水水更流，举杯销愁愁更愁。
人生在世不称意，明朝散发弄扁舟。

【注释】▲长风：远风，大风。▲酣：畅饮。▲建安骨：指刚健遒劲的诗文风格。▲清发：指清新秀发的诗风。▲逸兴：飘逸豪放的兴致，多指山水游兴，超迈的意兴。▲览：通"揽"，摘取。一本作"揽"。▲散发：去冠披发，指隐居不仕。这里是形容狂放不羁。

⑮ 早发白帝城

（唐）李白

朝辞白帝彩云间，千里江陵一日还。
两岸猿声啼不住，轻舟已过万重山。

【注释】▲发：启程。▲彩云间：因白帝城在白帝山上，地势高耸，从山下江中仰望，仿佛耸入云间。▲住：停息。

⑯ 独坐敬亭山

（唐）李白

众鸟高飞尽，孤云独去闲。
相看两不厌，只有敬亭山。

【注释】▲敬亭山：在今安徽宣城市北。▲尽：没有了。▲闲：形容云彩飘来飘去，悠闲自在的样子。▲两不厌：指诗人和敬亭山而言。厌：满足。

杜甫的悲喜

⑰ 春望

　　（唐）杜甫

国破山河在，城春草木深。
感时花溅泪，恨别鸟惊心。
烽火连三月，家书抵万金。
白头搔更短，浑欲不胜簪。

【注释】▲草木深：指草木茂盛，人烟稀少。▲感时：为国家的时局而感伤。▲烽火：古时边防报警的烟火，这里指安史之乱的战火。▲抵：值，相当。▲搔：用手指轻轻地抓。▲浑：简直。▲簪：一种束发的首饰。

⑱ 登岳阳楼

　　（唐）杜甫

昔闻洞庭水，今上岳阳楼。
吴楚东南坼，乾坤日夜浮。
亲朋无一字，老病有孤舟。
戎马关山北，凭轩涕泗流。

【注释】▲吴楚：春秋时二国名（吴国和楚国）。其地略在今湖南、湖北、江西、安徽、江苏、浙江一带。▲坼：分裂，这里引申为划分。▲乾坤：天地，此指日月。▲戎马：军马，借指军事、战争、战乱。▲凭轩：倚着楼窗。▲涕泗：眼泪和鼻涕，偏义复指，即眼泪。

⑲ 登高

　　（唐）杜甫

风急天高猿啸哀，渚清沙白鸟飞回。
无边落木萧萧下，不尽长江滚滚来。
万里悲秋常作客，百年多病独登台。

【注释】▲啸哀：指猿的叫声凄厉。▲渚：水中的小块陆地。▲萧萧：模拟草木飘落的声音。▲常作客：长期漂泊他乡。▲百年：犹言一生，这里借指晚年。

艰难苦恨繁霜鬓，潦倒新停浊酒杯。　　▲苦恨：极恨，极其遗憾。▲繁：这里作动词，增多。▲潦倒：衰颓，失意。这里指衰老多病，志不得伸。

⑳ 闻官军收河南河北

（唐）杜甫

剑外忽传收蓟北，初闻涕泪满衣裳。
却看妻子愁何在，漫卷诗书喜欲狂。
白日放歌须纵酒，青春作伴好还乡。
即从巴峡穿巫峡，便下襄阳向洛阳。

【注释】▲闻：听说。▲官军：指唐朝军队。▲剑外：剑门关以南，这里指四川。▲蓟北：泛指唐代幽州、蓟州一带，今河北东北部一带，是安、史叛军的根据地。▲却看：回头看。▲漫卷：胡乱地卷起。▲便：就。

㉑ 登科后

（唐）孟郊

昔日龌龊不足夸，今朝放荡思无涯。
春风得意马蹄疾，一日看尽长安花。

【注释】▲龌龊：指处境不如意和思想上的拘谨局促。▲放荡：自由自在，无所拘束。

㉒ 凉州馆中与诸判官夜集

（唐）岑参

弯弯月出挂城头，城头月出照凉州。
凉州七里十万家，胡人半解弹琵琶。
琵琶一曲肠堪断，风萧萧兮夜漫漫。
河西幕中多故人，故人别来三五春。

【注释】▲凉州：唐朝河西节度府所在地，治所在今甘肃武威。▲判官：唐代节度使、观察使下的属官。▲胡人：中国古代对北方边地及西域各民族人民的称呼。▲半解：半数人懂得。▲河西：汉唐时指今甘肃、青海两省黄河以西，即河西走廊与湟水流域。此处指河西节度府，治所在凉州。

花门楼前见秋草，岂能贫贱相看老。
一生大笑能几回，斗酒相逢须醉倒。

▲花门楼：指凉州馆舍的楼房。▲斗酒相逢：即相逢斗酒。斗酒，比酒量。

㉓ 过故人庄
　　（唐）孟浩然

故人具鸡黍，邀我至田家。
绿树村边合，青山郭外斜。
开轩面场圃，把酒话桑麻。
待到重阳日，还来就菊花。

【注释】▲过：拜访。▲庄：田庄。▲具：准备，置办。▲鸡黍：指农家待客的丰盛饭食（字面指鸡和黄米饭）。▲合：环绕。▲郭：古代城墙有内外两重，内为城，外为郭。这里指村庄的外墙。▲轩：窗户。▲场圃：场，打谷场、稻场。圃，菜园。▲话桑麻：闲谈农事。▲就菊花：指饮菊花酒，也是赏菊的意思。

㉔ 社 日
　　（唐）王驾

鹅湖山下稻粱肥，豚栅鸡栖半掩扉。
桑柘影斜春社散，家家扶得醉人归。

【注释】▲社日：古代祭祀土地神的日子，分为春社和秋社。▲鹅湖：在江西省铅山县境内，一年两稻，故方仲春社日，稻粱已肥。▲豚栅：小猪猪圈。▲桑柘：桑树和柘树，这两种树的叶子均可用来养蚕。

㉕ 短歌行（其一·节选）
　　（东汉）曹操

对酒当歌，人生几何？
譬如朝露，去日苦多。
慨当以慷，忧思难忘。
何以解忧？唯有杜康。

【注释】▲当：对着。▲几何：多少。▲去日苦多：过去的日子已经很多了。有慨叹人生短暂之意。▲慨当以慷：指宴会上的歌声激昂慷慨。▲杜康：相传是最早造酒的人，这里代指酒。

㉖ 酬乐天扬州初逢席上见赠

（唐）刘禹锡

巴山楚水凄凉地，二十三年弃置身。
怀旧空吟闻笛赋，到乡翻似烂柯人。
沉舟侧畔千帆过，病树前头万木春。
今日听君歌一曲，暂凭杯酒长精神。

【注释】▲酬：答谢，酬答，这里是指以诗相答的意思。▲乐天：指白居易，字乐天。▲弃置身：指遭受贬谪的诗人自己。弃置，谪。▲翻似：倒好像。翻，副词，反而。▲烂柯人：指晋人王质。相传王质上山砍柴，看见两个童子下棋，就停下观看。等棋局终了，王质手中的斧柄（柯）已经朽烂。回到村里，才知道已过了一百年，同代人都已经亡故。诗人以此典故表达自己遭贬23年的感慨，也表达世事沧桑，暮年返乡恍如隔世的心情。▲侧畔：旁边。▲长精神：振作精神。

㉗ 声声慢·寻寻觅觅

（宋）李清照

寻寻觅觅，冷冷清清，凄凄惨惨戚戚。乍暖还寒时候，最难将息。三杯两盏淡酒，怎敌他晚来风急？雁过也，正伤心，却是旧时相识。满地黄花堆积，憔悴损，如今有谁堪摘？守着窗儿，独自怎生得黑？梧桐更兼细雨，到黄昏点点滴滴。这次第，怎一个愁字了得！

【注释】▲寻寻觅觅：意谓想把失去的一切都找回来，表现空虚怅惘、迷茫失落的心态。▲凄凄惨惨戚戚：忧愁苦闷的样子。▲乍暖还寒：指秋天的天气，刚刚变暖，又转寒冷。▲将息：旧时方言，休养调理之意。▲怎敌他：对付，抵挡。▲损：表示程度极高。▲堪：可。▲怎生：怎样的。▲这次第：这光景，这情形。

南宋的爱国诗人

㉘ 乌江

　　（宋）李清照

生当作人杰，死亦为鬼雄。
至今思项羽，不肯过江东。

【注释】▲人杰：人中的豪杰。汉高祖曾称赞开国功臣张良、萧何、韩信是"人杰"。▲鬼雄：鬼中的英雄。▲项羽：秦末时自立为西楚霸王，与刘邦争夺天下，在垓下之战中，兵败自杀。▲江东：项羽当初随叔父项梁起兵的地方。

㉙ 题临安邸

　　（宋）林升

山外青山楼外楼，西湖歌舞几时休？
暖风熏得游人醉，直把杭州作汴州。

【注释】▲临安：今浙江杭州，金人攻陷北宋首都汴京后，南宋统治者逃亡到南方，建都于临安。▲邸：旅店。▲熏：吹，用于温暖馥郁的风。▲直：简直。▲汴州：即汴京，北宋的国都，今河南开封。

㉚ 满江红

　　（宋）岳飞

怒发冲冠，凭栏处、潇潇雨歇。抬望眼，仰天长啸，壮怀激烈。三十功名尘与土，八千里路云和月。莫等闲、白了少年头，空悲切。　　靖康耻，犹未雪。臣子恨，何时灭。驾长车，踏破贺兰山缺。壮志饥餐胡虏肉，笑谈渴饮匈奴血。待从头、收拾旧山河，朝天阙。

【注释】▲怒发冲冠：气得头发竖起，以至于将帽子顶起，形容愤怒至极。▲潇潇：形容雨势急骤。▲长啸：激动时撮口发出清而长的声音，为古人的一种抒情举动。▲等闲：轻易，随便。▲靖康耻：宋钦宗靖康二年（1127年），金兵攻陷汴京，掳走徽、钦二帝。▲贺兰山：贺兰山脉位于宁夏回族自治区与内蒙古自治区交界处，当时被金兵占领。▲胡虏：秦汉时匈奴为胡虏，后世用为与中原敌对的北方部族之通称。▲朝天阙：朝见皇帝。天阙，本指宫殿前的楼观，此指皇帝生活的地方。

㉛ 书愤

（宋）陆游

早岁那知世事艰，中原北望气如山。
楼船夜雪瓜洲渡，铁马秋风大散关。
塞上长城空自许，镜中衰鬓已先斑。
出师一表真名世，千载谁堪伯仲间。

【注释】▲书愤：书写自己的愤恨之情。书，写。▲早岁：早年，年轻时。▲那：即"哪"。▲世事艰：指抗金大业屡遭破坏。▲瓜洲：在今江苏邗江南长江边，与镇江隔江相对，是当时的江防要地。▲铁马：披着铁甲的战马。大散关：在今陕西宝鸡西南，是当时宋金的西部边界。▲塞上长城：比喻能守边的将领。▲衰鬓：年老而疏白的头发。▲出师一表：蜀汉后主建兴五年（227）三月，诸葛亮出兵伐魏前曾写了一篇《出师表》，表达了自己"奖率三军，北定中原"，"兴复汉室，还于旧都"的坚定决心。▲伯仲：原指兄弟间的次第。这里比喻人物不相上下，难分优劣高低。

㉜ 秋夜将晓出篱门迎凉有感

（宋）陆游

三万里河东入海，五千仞岳上摩天。
遗民泪尽胡尘里，南望王师又一年。

【注释】▲三万里：形容河的长，虚指。▲五千仞：形容山非常高。仞，古代长度单位，七尺或八尺为一仞。▲摩天：迫近高天，形容极高。▲遗民：指沦陷在金人占领区的宋朝百姓。▲胡尘：指金人入侵中原，也指胡人骑兵的铁蹄践踏扬起的尘土和金人的暴政。▲王师：指宋朝的军队。

㉝ 十一月四日风雨大作

（宋）陆游

僵卧孤村不自哀，尚思为国戍轮台。
夜阑卧听风吹雨，铁马冰河入梦来。

【注释】▲僵卧：躺卧不起。这里形容自己穷居孤村，无所作为。僵，僵硬。▲戍：守卫。▲轮台：在今新疆境内，是古代边防重地。此代指边关。▲夜阑：夜深。▲冰河：冰封的河流，指北方地区的河流。

㉞ 诉衷情

（宋）陆游

当年万里觅封侯，匹马戍梁州。关河梦断何处？尘暗旧貂裘。　胡未灭，鬓先秋，泪空流。此生谁料，心在天山，身老沧洲。

【注释】▲诉衷情：词牌名。▲万里觅封侯：奔赴万里外的疆场，寻找建功立业的机会。▲梁州：治所在南郑。陆游诗词中，称其参加四川宣抚使幕府所在地。▲关河：关塞、河流。一说指潼关黄河之所在。此处泛指汉中前线险要的地方。▲尘暗旧貂裘：貂皮裘上落满灰尘，颜色为之暗淡。这里借用苏秦典故，说自己不受重用，未能施展抱负。▲胡：古泛称西北各族为胡，亦指来自彼方之物。南宋词中多指金人。此处指金入侵者。▲秋：秋霜，比喻年老鬓白。▲天山：在中国西北部，是汉唐时的边疆。这里代指南宋与金国相持的西北前线。▲沧洲：靠近水的地方，古时常用来泛指隐士居住之地。这里是指作者位于镜湖之滨的家乡。

㉟ 示儿

（宋）陆游

死去元知万事空，但悲不见九州同。王师北定中原日，家祭无忘告乃翁。

【注释】▲示儿：写给儿子们看。▲元知：原本知道。▲九州：这里代指宋代的中国。▲王师：指南宋朝廷的军队。▲中原：指黄河以北被金人侵占的地区。▲家祭：祭祀家中先人。▲乃翁：你们的父亲，指陆游自己。

㊱ 菩萨蛮·书江西造口壁

（宋）辛弃疾

郁孤台下清江水，中间多少行人泪？西北望长安，可怜无数山。　青山遮不住，毕竟东流去。江晚正愁余，山深闻鹧鸪。

【注释】▲菩萨蛮：词牌名。▲郁孤台：今江西省赣州市城区西北部贺兰山顶，又称望阙台，因"隆阜郁然，孤起平地数丈"得名。▲长安：今陕西省西安市，为汉唐故都。此处代指宋都汴京。▲愁余：使我发愁。▲鹧鸪：鸟名。传说其叫声如云"行不得也哥哥"，啼声凄苦。

㊲ 过零丁洋

（宋）文天祥

辛苦遭逢起一经，干戈寥落四周星。
山河破碎风飘絮，身世浮沉雨打萍。
惶恐滩头说惶恐，零丁洋里叹零丁。
人生自古谁无死？留取丹心照汗青。

【注释】▲零丁洋：即"伶丁洋"。在今广东省珠江口外。1278年底，文天祥率军在广东五坡岭与元军激战，兵败被俘，囚禁船上，曾经过零丁洋。▲干戈：指抗元战争。▲寥落：荒凉冷落。▲四周星：四年。文天祥从1275年起兵抗元，到1278年被俘，一共四年。▲惶恐滩：在今江西省万安县，是赣江中的险滩。1277年，文天祥在江西被元军打败，所率军队死伤惨重，妻子儿女也被元军俘虏。他经惶恐滩撤到福建。▲丹心：红心，比喻忠心。▲汗青：同汗竹，史册。古人用竹简记事，先用火烤干其中的水分，干后易写而且不受虫蛀，也称汗青。

幸会，苏东坡

㊳ 六月二十七日望湖楼醉书

　　（宋）苏轼

黑云翻墨未遮山，白雨跳珠乱入船。
卷地风来忽吹散，望湖楼下水如天。

【注释】▲望湖楼：又叫看经楼。位于杭州西湖畔，五代时吴越王钱弘俶（又名钱俶）所建。▲翻墨：打翻的黑墨水，形容云层很黑。▲白雨：指夏日阵雨的特殊景象，因雨点大而猛，在湖光山色的衬托下，显得白而透明。▲跳珠：跳动的水珠，说明雨点大，杂乱无序。▲卷地风来：指狂风席地卷来。▲水如天：形容湖面像天空一般开阔而且平静。

㊴ 饮湖上初晴后雨（其二）

　　（宋）苏轼

水光潋滟晴方好，山色空蒙雨亦奇。
欲把西湖比西子，淡妆浓抹总相宜。

【注释】▲潋滟：水面波光闪动的样子。▲空蒙：细雨迷蒙的样子。▲西子：西施，春秋时期越国有名的美女，居古代四大美女（西施、王昭君、貂蝉、杨玉环）之首。家住浣纱溪村（在今浙江诸暨市）西，所以称为西施。▲相宜：也显得十分美丽。

㊵ 水调歌头

　　（宋）苏轼

丙辰中秋，欢饮达旦，大醉，作此篇，兼怀子由。

明月几时有？把酒问青天。不知天上宫阙，今夕是何年。我欲乘风归去，又恐琼楼玉宇，高处不胜寒。起舞弄

【注释】▲达旦：到天亮。▲把酒：端起酒杯。▲琼楼玉宇：美玉砌成的楼宇，指想象中的仙宫。▲胜：承受。

清影，何似在人间。转朱阁，低绮户，照无眠。不应有恨，何事长向别时圆？人有悲欢离合，月有阴晴圆缺，此事古难全。但愿人长久，千里共婵娟。

【注释】▲朱阁：华丽的楼阁。▲绮户：雕饰华丽的门窗。▲但：只。▲婵娟：指月亮。

㊶ 江城子·乙卯正月二十日夜记梦

（宋）苏轼

十年生死两茫茫，不思量，自难忘。千里孤坟，无处话凄凉。纵使相逢应不识，尘满面，鬓如霜。夜来幽梦忽还乡，小轩窗，正梳妆。相顾无言，惟有泪千行。料得年年肠断处，明月夜，短松冈。

【注释】▲思量：想念。▲千里：王弗葬地四川眉山与苏轼任所山东密州，相隔遥远，故称"千里"。▲孤坟：其妻王氏之墓。▲小轩窗：指小室的窗前。▲顾：看。▲短松冈：苏轼葬妻之地。

㊷ 江城子·密州出猎

（宋）苏轼

老夫聊发少年狂，左牵黄，右擎苍，锦帽貂裘，千骑卷平冈。为报倾城随太守，亲射虎，看孙郎。酒酣胸胆尚开张，鬓微霜，又何妨！持节

【注释】▲老夫：作者自称。▲聊：姑且，暂且。▲左牵黄，右擎苍：左手牵着黄狗，右臂擎着苍鹰，形容围猎时追捕猎物的架势。▲锦帽貂裘：名词作动词用，头戴着华美的帽子，身穿貂皮衣。▲千骑：形容随从乘骑之多。▲尚：更。▲微霜：稍白。▲持节：奉有朝廷重大使命。

云中，何日遣冯唐？会挽雕弓如满月，西北望，射天狼。

▲天狼：星名，又称犬星，旧说主侵夺，这里隐喻侵犯北宋边境的辽国与西夏。

㊸ 初到黄州

（宋）苏轼

自笑平生为口忙，老来事业转荒唐。
长江绕郭知鱼美，好竹连山觉笋香。
逐客不妨员外置，诗人例作水曹郎。
只惭无补丝毫事，尚费官家压酒囊。

【注释】▲为口忙：语意双关，既指因言事和写诗而获罪，又指为谋生糊口，并呼应下文“鱼美”和“笋香”的口腹之美。▲郭：外城。▲逐客：贬谪之人，作者自谓。▲压酒囊，压酒滤糟的布袋。

㊹ 念奴娇·赤壁怀古

（宋）苏轼

大江东去，浪淘尽，千古风流人物。故垒西边，人道是，三国周郎赤壁。乱石穿空，惊涛拍岸，卷起千堆雪。江山如画，一时多少豪杰。　遥想公瑾当年，小乔初嫁了，雄姿英发。羽扇纶巾，谈笑间，樯橹灰飞烟灭。故国神游，多情应笑我，早生华发。人生如梦，一尊还酹江月。

【注释】▲赤壁：指黄州赤壁，在今湖北黄冈西。▲淘：冲洗，冲刷。▲风流人物：指杰出的历史名人。▲故垒：过去遗留下来的营垒。▲周郎：指三国时吴国名将周瑜，字公瑾，少年得志，二十四岁为中郎将，掌管东吴重兵，吴中皆称之为“周郎”。下文中的“公瑾”，即指周瑜。▲雪：比喻浪花。▲雄姿英发：形容周瑜体貌不凡，言谈卓绝。▲羽扇纶巾：古代儒将的便装打扮。▲樯橹：这里代指曹操的水军战船。▲尊：通“樽”，酒杯。

㊺ 定风波·莫听穿林打叶声

（宋）苏轼

三月七日,沙湖道中遇雨。雨具先去,同行皆狼狈,余独不觉。已而遂晴,故作此词。

莫听穿林打叶声,何妨吟啸且徐行。竹杖芒鞋轻胜马,谁怕？一蓑烟雨任平生。　　料峭春风吹酒醒,微冷,山头斜照却相迎。回首向来萧瑟处,归去,也无风雨也无晴。

【注释】▲沙湖：在今湖北黄冈东南三十里,又名螺蛳店。▲吟啸：放声吟咏。▲芒鞋：草鞋。▲料峭：微寒的样子。▲向来：方才。▲萧瑟：风雨吹打树叶声。

㊻ 惠崇春江晚景（其一）

（宋）苏轼

竹外桃花三两枝,春江水暖鸭先知。
蒌蒿满地芦芽短,正是河豚欲上时。

【注释】▲惠崇：宋初九僧之一,能诗能画。▲蒌蒿：草名,有青蒿、白蒿等种。

㊼ 惠州一绝·食荔枝

（宋）苏轼

罗浮山下四时春,卢橘杨梅次第新。
日啖荔枝三百颗,不辞长作岭南人。

【注释】▲不辞：不妨。

㊽ 蝶恋花·春景

（宋）苏轼

花褪残红青杏小。燕子飞时，绿水人家绕。枝上柳绵吹又少。天涯何处无芳草。　　墙里秋千墙外道。墙外行人，墙里佳人笑。笑渐不闻声渐悄。多情却被无情恼。

【注释】▲褪：脱去。▲柳绵：即柳絮。▲多情：这里代指墙外的行人。▲无情：这里代指墙内的佳人。

㊾ 和子由渑池怀旧

（宋）苏轼

人生到处知何似，应似飞鸿踏雪泥。泥上偶然留指爪，鸿飞那复计东西。老僧已死成新塔，坏壁无由见旧题。往日崎岖还记否，路长人困蹇驴嘶。

【注释】▲渑池：今河南渑池县。这首诗是和苏辙《怀渑池寄子瞻兄》而作。▲老僧：即指奉闲。▲坏壁：指奉闲僧舍。嘉祐元年（1056年），苏轼与苏辙赴京应举途中曾寄宿奉贤僧舍并题诗僧壁。▲蹇驴：腿脚不灵便的驴子。蹇，跛脚。

㊿ 题西林壁

（宋）苏轼

横看成岭侧成峰，远近高低各不同。不识庐山真面目，只缘身在此山中。

【注释】▲题西林壁：写在西林寺的墙壁上。西林寺在庐山西麓。▲真面目：指庐山真实的景色、形状。▲缘：因为，由于。

(51) 卜算子·黄州定慧院寓居作

（宋）苏轼

缺月挂疏桐,漏断人初静。谁见幽人独往来,缥缈孤鸿影。　惊起却回头,有恨无人省。拣尽寒枝不肯栖,寂寞沙洲冷。

【注释】▲漏断：即指深夜。▲省：理解。

古代的孩子很会玩

⑫ 小儿垂钓

（唐）胡令能

蓬头稚子学垂纶，
侧坐莓苔草映身。
路人借问遥招手，
怕得鱼惊不应人。

【注释】 ▲蓬头：形容小孩可爱。▲稚子：小孩子。▲垂纶：钓鱼。▲莓：一种野草。▲借问：向人打听。

⑬ 宿新市徐公店

（宋）杨万里

篱落疏疏一径深，树头花落未成阴。
儿童急走追黄蝶，飞入菜花无处寻。

【注释】 ▲篱：篱笆。▲径：小路。▲急走：奔跑。

⑭ 夜书所见

（宋）叶绍翁

萧萧梧叶送寒声，江上秋风动客情。
知有儿童挑促织，夜深篱落一灯明。

【注释】 ▲萧萧：风声。▲客情：旅客思乡之情。▲挑：挑弄、引动。▲促织：俗称蟋蟀，有的地方又叫蛐蛐。

(55) 所见

　　（清）袁枚

牧童骑黄牛，歌声振林樾。

意欲捕鸣蝉，忽然闭口立。

【注释】 ▲振：振荡，回荡。说明牧童的歌声嘹亮。▲林樾：指道旁成荫的树。

(56) 清平乐·村居

　　（宋）辛弃疾

茅檐低小，溪上青青草。醉里吴音相媚好，白发谁家翁媪？大儿锄豆溪东，中儿正织鸡笼。最喜小儿亡赖，溪头卧剥莲蓬。

【注释】 ▲吴音：吴地的方言。诗人当时住在信州（今上饶），这一带的方言为吴音。▲相媚好：指相互逗趣，取乐。▲翁媪：老翁、老妇。▲亡赖：这里指小孩顽皮、淘气。亡，通"无"。

(57) 池上

　　（唐）白居易

小娃撑小艇，偷采白莲回。

不解藏踪迹，浮萍一道开。

【注释】 ▲艇：船。▲踪迹：指被小艇划开的浮萍。▲浮萍：水生植物，椭圆形叶子浮在水面，叶下面有须根，夏季开白花。

(58) 春日田园杂兴（其五）

　　（宋）范成大

社下烧钱鼓似雷，日斜扶得醉翁回。

青枝满地花狼藉，知是儿孙斗草来。

【注释】 ▲杂兴：随兴写来，没有固定题材的诗篇。▲斗草：以草相赛为戏。

⑤⑨ 夏日田园杂兴（其七）

（宋）范成大

昼出耘田夜绩麻，村庄儿女各当家。
童孙未解供耕织，也傍桑阴学种瓜。

【注释】▲耘田：锄草。▲绩麻：把麻搓成线。▲供：从事，参加。▲傍：靠近。

⑥⓪ 稚子弄冰

（宋）杨万里

稚子金盆脱晓冰，彩丝穿取当银钲。
敲成玉磬穿林响，忽作玻璃碎地声。

【注释】▲脱晓冰：此处指儿童晨起，从结成坚冰的铜盆里剜冰。▲钲：指古代的一种像锣的乐器。▲磬：古代打击乐器，形状像曲尺，用玉、石制成，可以悬挂在墙上。▲玻璃：指古时候的一种天然玉石，也叫水玉，并不是指现在的玻璃。

⑥① 闲居初夏午睡起（其一）

（宋）杨万里

梅子留酸软齿牙，芭蕉分绿与窗纱。
日长睡起无情思，闲看儿童捉柳花。

【注释】▲芭蕉分绿：芭蕉的绿色映照在纱窗上。▲无情思：没有情绪，指无所适从，不知做什么好。思，情绪。▲捉柳花：戏捉空中飞舞的柳絮。柳花，柳絮。

⑥② 舟过安仁

（宋）杨万里

一叶渔船两小童，收篙停棹坐船中。
怪生无雨都张伞，不是遮头是使风。

【注释】▲安仁：县名，1914年因与湖南安仁县同名而改名余江县。▲篙：撑船用的竹竿。▲棹：船桨。▲怪生：怪不得。▲使风：此处指两个小孩用伞当帆，让风来帮忙，促使渔船向前行驶。

㊳ 长干行（其一·节选）

（唐）李白

妾发初覆额，折花门前剧。
郎骑竹马来，绕床弄青梅。
同居长干里，两小无嫌猜。

【注释】 ▲长干行：属乐府《杂曲歌辞》调名。▲床：井栏，后院水井的围栏。▲长干里：在今南京市，当年系船民集居之地，故《长干曲》多抒发船家女子的感情。

㊴ 村居

（清）高鼎

草长莺飞二月天，拂堤杨柳醉春烟。
儿童散学归来早，忙趁东风放纸鸢。

【注释】 ▲纸鸢：风筝。鸢，老鹰。

㊵ 牧童

（唐）吕岩

草铺横野六七里，笛弄晚风三四声。
归来饱饭黄昏后，不脱蓑衣卧月明。

【注释】 ▲牧童：放牛放羊的孩子。▲横野：辽阔的原野。

㊶ 清明

（唐）杜牧

清明时节雨纷纷，路上行人欲断魂。
借问酒家何处有？牧童遥指杏花村。

【注释】 ▲纷纷：形容多。▲欲断魂：形容非常伤感，好像灵魂要与身体分开一样。这两句是说，清明时候，阴雨连绵，如此天气，如此节日，路上行人情绪低落，神魂散乱。

⑥⁷ 牧童诗

（宋）黄庭坚

骑牛远远过前村，吹笛风斜隔陇闻。

多少长安名利客，机关用尽不如君。

【注释】 ▲长安：唐代京城。 ▲机关用尽：用尽心机。

⑥⁸ 村晚

（宋）雷震

草满池塘水满陂，山衔落日浸寒漪。

牧童归去横牛背，短笛无腔信口吹。

【注释】 ▲陂：池塘。 ▲寒漪：水上波纹。 ▲信口：随口。

图书在版编目（CIP）数据

诗词大发现：古诗词创意图解：全三册 / 蒋军晶著. -- 武汉：长江文艺出版社，2019.8（2024.1 重印）
（大教育书系）
ISBN 978-7-5702-1040-4

Ⅰ. ①诗… Ⅱ. ①蒋… Ⅲ. ①古典诗歌－中国－中小学－教学参考资料 Ⅳ. ①G634.303

中国版本图书馆 CIP 数据核字（2019）第 090977 号

责任编辑：施柳柳	责任校对：毛季慧
封面设计：古涧千溪	责任印制：邱 莉　王光兴

出版：长江出版传媒　长江文艺出版社
地址：武汉市雄楚大街 268 号　　邮编：430070
发行：长江文艺出版社
http://www.cjlap.com
印刷：湖北金港彩印有限公司

开本：787 毫米×970 毫米　1/16　印张：27
版次：2019 年 8 月第 1 版　　2024 年 1 月第 2 次印刷
字数：304 千字

定价：156.00 元（全三册）

版权所有，盗版必究（举报电话：027—87679308　87679310）
（图书出现印装问题，本社负责调换）